NEWSPAPER IN EDUCATION

NIE

介護の基本演習

松井 圭三・小倉 毅・今井 慶宗 編著

大学教育出版

はしがき

NIEという言葉をご存知でしょうか。NIEとは、Newspaper in Educationの略です。アルファベットの音通り　エヌ・アイ・イー　と読みます。教育機関（学校）で新聞を教材として活用することを意味します。日本でも多くの小・中・高等学校で実践されているほか、近年では大学・短期大学・専門学校でも広がりを見せています。

皆さんは新聞にどのような印象を持っていますか。新聞は難しいものと思っている人もいるかもしれません。若者の新聞離れが指摘されて久しいです。しかし、新聞の紙面には政治・経済だけではなく社会や文化、科学やエンターテイメントまであらゆる分野の記事が載っています。とても読みごたえのある楽しいものです。新聞をこれまであまり読んだことのない人は、新聞の形式に慣れることが第一歩です。新聞がどのような構成になっているかをつかみ、実際の新聞記事を使って学びましょう。

本書は、読者の皆さんに、読む力とともに書く力をつけていただきたいという願いから企画しました。一般の介護の基本の教科書とはややタイプが異なります。新聞を活用したワークブック、その中でも介護の基本のワークブック教材は他に類を見ません。私たちはこれまで『NIE社会福祉記事ワークブック』『NIE児童家庭福祉演習』『NIE家庭支援論演習』を作りました。このワークブックはその第4弾です。新聞記事を読み、言葉を調べ、感想を書き、解説で学びを深めるという一連の流れをとっています。介護に関連する言葉や制度を調べたり記事を読んでの感想を書くなど、自分自身で課題に取り組みましょう。

介護福祉士などの国家資格を取得するときは、実習日誌の記入等多くの場面で文を記入します。無事に資格を取得して仕事に就いた後もケース記録や業務日誌等で文章を書くことがたくさんあります。実習や仕事のほかにも、文章を読み解き、まとめ、自分の力で発信する力は社会のいろいろな場面において必要とされます。

介護福祉分野は変化が起きています。「介護保険法」や「障害者総合支援法」の改正も続いています。ワークブックで学び終えた後もいつも新聞記事に関心を持ち、新しい介護福祉の知識を得るべく、勉強を続けてもらうことを願っています。

各章はそれぞれの分野の専門の先生が、わかりやすく丁寧に展開しています。難しい言葉も段々と理解できるでしょう。みなさん、あせらず確実に取り組んでいきましょう。

大学教育出版の佐藤社長、編集の社さんにいろいろとお世話になりました。この紙面を借りて感謝申し上げます。

2019（平成31）年4月

松井圭三・小倉毅・今井慶宗

このワークブックの利用方法（使い方）

このワークブックは概ね①新聞記事、②言葉を調べてみましょう、③記事を読んでの感想を書いてみましょう、④解説という構成になっています。

皆さんが教室で先生から指導を受けながら学ばれることもあるでしょう。自学自習される方もあるかもしれません。使い方はもちろん自由です。

ここでは、次のような利用方法で学習されると取り組みやすいのではないかと私たち編著者が考えたものをお示しします。ぜひ参考にしてみて下さい。

1　新聞記事をよく読みましょう。難しい言葉・知らない単語はそこに線を引っ張っておくとよいでしょう。新聞記事の読み方にも慣れましょう。

2　設問に沿って、言葉を調べてみましょう。調べる言葉はいくつかあります。教科書や辞典・インターネットで調べましょう。言葉同士の関連性にも注意しましょう。

3　記事を読んでの感想を書きましょう。記事を読んでの素直な気持ち、自分ならばどう取り組むか、考えたことなどを自由に書きましょう。

4　解説では、新聞記事の内容や関連することについてそれぞれの分野の専門の先生が分かりやすく説明しています。よく読んで理解しましょう。自分で調べてよく分からなかった言葉は、ここで学んで書き足しましょう。

どの章から始めても構いません。知っている分野があれば取り組みやすいでしょう。自分が気になる記事があればぜひそこから読んでみて下さい。手も動かしてしっかり書き込みましょう。

なお、記事によっては、記事内の個人名等を匿名表記としています。

目　次

第1章　介護と NIE

記　事

リード

介護事業所の外国人技能実習生サポート

日本語教師 紹介目指す

6月以降に見込まれる介護分野の外国人技能実習生の国内受け入れに合わせ、技能実習生を支援しているNPO法人「メンターネット」（岡山市北区南方）などが、受け入れ事業所に日本語教師を紹介する活動を計画している。初の対人職種となる介護では語学力不足によるコミュニケーショントラブルが懸念されており、教師確保に悩む事業所をサポートする。厚生労働省によると、全国に先駆けた取り組みで27日、実施主体となる組織を立ち上げる。（山内悠記子）

介護職は日本で働きつつ技術を学ぶ外国人技能実習制度の対象に昨年11月に加わった。国は実習生の日本語能力を担保するため、入国後に大学の日本語教育課程の修了者などから講習を受けることなどを義務づけている。

しかし、文化庁国語課は「日本語学校などで教えられる要件を満たす潜在的な教師は多いが、実際に働く人は限られる。在留外国人は増えており、人材不足は顕著」と指摘。同課の調査では、県内で要件を満たす教師は毎年約80人ずつ誕生しているが、職に就いているのは29施設で約１６０人（２０１６年度）。全国と同様に人材確保が課題とされる。

行政書士や社会保険労務士らでつくるメンターネットにも、介護の技能実習生を事業所に紹介する予定の「監理団体」と呼ばれる組織から「教師が見つからない」との相談が寄せられており、人材を掘り起こして紹介する活動を発案した。

外国人技能実習制度の流れ

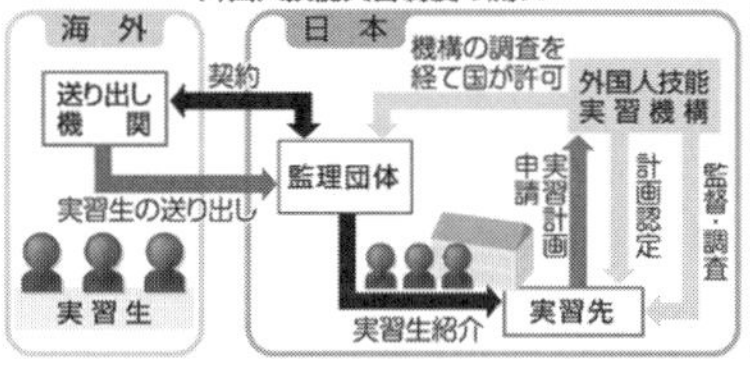

6月受け入れ前に 岡山のNPO 登録制度立ち上げへ

岡山外語学院（岡山市）や山陽学園大の関係者、弁護士や介護サービス提供会社役員ら6人による発起人会を27日に同市で開き、「岡山介護技能実習日本語教師ネットワーク」（事務局・メンターネット）を設立する。

国が介護の技能実習生の日本語教師に求めている要件に沿い、大学・大学院で日本語教育課程を修了▽日本語能力検定試験合格者―といった項目のいずれかを満たす人を登録し、監理団体や実習生を受け入れる介護事業所に有償（時給１５００円程度）で紹介。27日から9月末までに20人を目標に登録を受け付け、10月から希望する事業所への紹介を始める考え。

実習生の日本語教育費は監理団体や受け入れ施設側が担い、負担は軽くないとされる。メンターネットの岡崎博之理事長(74)は「ボランティアに近い報酬で応じてもらえる潜在教師の人に協力を求めたい」と呼び掛けている。問い合わせは同法人（０８６―２８０―６０７６）。

日本語教師の要件を満たす人の登録を呼び掛けるNPO法人「メンターネット」のメンバー

ズーム

介護技能実習生の日本語要件　厚生労働省は一定要件を満たした日本語教師による入国後講習（原則２４０時間）の受講や、入国1年後に日本語能力試験3級（日常的な日本語をある程度理解できるレベル）の合格などを義務付けている。合格すれば最長5年間働けるが、できなければ帰国となる。

在留外国人　法務省によると、２０１７年末現在約２５６万人（前年同期比7・5％増）で3年連続で過去最多を更新。県によると、県内は16年末で２万４１４６人（同7・6％増）。在留資格のうち「技能実習」（６２７３人、同15％増）などで伸びが目立つ。文化庁のまとめでは日本語を学ぶ国内の外国人は16年度、約21万8千人。一定の要件を満たして教えている日本語教師は約１万４８００人。

出典：2018 年 4 月 26 日山陽新聞朝刊

1. 介護分野の外国人技能実習生の受け入れに関連する記事です。外国人技能実習制度はどのような制度でしょう。

2. 記事では介護分野の人材として、外国人技能実習生が求められていることが分かります。介護の人材確保にどのような課題があるのでしょう。

3. 外国人技能実習生が介護現場で働きながら技術を学ぶには、いくつかの条件をクリアする必要があります。その条件について調べてみましょう。

4. 介護分野では利用者とのコミュニケーションは欠かせません。外国人技能実習生には、どの程度の日本語能力が必要でしょう。

5. 解　説

（1） 記事を分析してみよう

①新聞の記事は文章のほか見出し、写真、図・表などで構成されています。内容を理解するには、まず、見出しを読んでみましょう。今回の記事には見出しが３本あります。「日本語教師紹介目指す」「介護事業所の外国人技能実習生サポート」「6月受け入れ前に岡山のNPO　登録制度立ち上げへ」。キーワードは「日本語教師」「介護」「外国人技能実習生」「登録制度」です。

②次に、記事を読んでみましょう。原則、内容を短縮したリード（前文）と本文で構成されています。見出しとリードを読むだけで、内容が分かる仕組みになっています。今回の記事では、リードの最初の文に「技能実習生を支援するNPO法人などが、介護分野の受け入れ事業所に日本語教師を紹介する」という計画が書かれています。これが、最も伝えたいことです。

③リードの２番目の文には、日本語教師を紹介する背景や理由が書かれています。「初の対人職種となる介護では語学力不足によるコミュニケーショントラブルが懸念」「教師確保に悩む事業所をサポートする」とあります。

（2） 介護と外国人技能実習生

①なぜ、介護の担い手として外国人技能実習生が注目されているのでしょう。2017（平成29）年11月、外国人が日本で技術や知識を習得し自国で生かす技能実習制度の対象業種に「介護」が加わったことが大きな理由です。外国から日本へのルートとして、経済連携協定（EPA）、日本の専門学校に留学するなどして国家試験に合格することに加え、外国人技能実習制度があるのです。

外国からの人材を確保する必要に迫られている背景を、これまでに山陽新聞に掲載された「介護の人材不足」に関する記事が伝えています。それによると厚生労働省の推計では、団塊世代（1947（昭和22）～49（昭和24）年生まれ）が全員75歳以上になる2025年度に、介護職員が全国で約33万7,000人不足する恐れがあります。2016（平成28）年度の職員数は約190万人ですが、2025年度には約55万人増の約245万人が必要となります。

②外国からの介護人材の確保に向けた具体的な動きがありました。2018（平成30）年7月の山陽新聞の記事によると「国は2020年夏までにベトナムから１万人を受け入れる数値目標を設定」とあります。外国人技能実習生を活用する方針で、ベトナム側も人材送り出しに協力する意向です。国はインドネシアやカンボジアなどからの受け入れも検討するとしています。

関連した動きを2017（平成29）年12月の山陽新聞がこう報じています。「ベトナム南部･ヴィンロン省の幹部らが、同省から介護分野の人材受け入れを計画している岡山市の社会福祉法人の施設を視察した」。ヴィンロン省の副知事は「ベトナムも高齢化が進んでおり、日本の技術を学んだ人材が求められている」と述べており、日本とベトナムの思惑が一致していることがうかがえます。

（3） 介護技能実習生と日本語

①介護技能実習生には、どの程度の日本語の能力が求められるのでしょう。厚生労働省は、一定要件を満たした日本語教師による入国後講習（原則240時間）の受講や、入国１年後に日本語能力試験３級（日常的な日本語をある程度理解できるレベル）の合格などを義務付けています。合格すれば最長５年間働けます。

②一方、肝心の介護技能実習生に日本語を教える教師が不足しているという課題があります。今回の記事の中で「国は実習生の日本語能力を担保するため、入国後に大学の日本語教育課程の修了者などから講習を受けることなどを義務づけている」と教師の条件を示しています。

しかし、条件を満たす潜在的な教師は多いものの、実際に働く人は限られているのが実態です。文化庁の調査では、岡山県内で条件を満たす人は毎年約80人ずつ誕生しますが、職に就いている人は約160人（2016（平成28）年度）です。

（4）日本語教師紹介目指す

①日本語教師不足の対策として、「全国に先駆け岡山市のNPOが介護事業所に日本語教師を紹介する」というのが今回の記事の本題です。2018（平成30）年4月27日、岡山県内の弁護士や行政書士、社会福祉士らが介護分野の外国人技能実習生に対する日本語教師を支援する組織「岡山介護技能実習日本語教師ネットワーク」が設立されました。

ネットワークは国が定めた条件を満たす日本語教師を募り、ネットワークの会員になった介護事業所に紹介します。さらに、介護現場に見合った語学教育プログラムをつくる計画です。

②政府は2018（平成30）年6月、外国人労働者の就労を拡大するため新たな在留資格の創設を決めました。人手不足が深刻な介護、農業、建設、造船、宿泊の5分野で2025年までに50万人超を受け入れる計画です。少子高齢化が進む日本では、15～64歳の生産年齢人口の減少が著しいことが背景にあります。働き手を外国に求めるからこそ、日本語習得など十分な受け入れ態勢が重要になってくるのです。

（江草明彦）

高齢者への虐待

対策強化し歯止めかけよ

社説

高齢者への虐待が深刻化している。特に懸念されるのは、専門的なケアが期待される介護施設で歯止めがかからないことだ。川崎市の有料老人ホームで2014年に入所者3人が転落死した事件では、殺人罪に問われた元職員に先月、横浜地裁が死刑を言い渡し、弁護側は控訴した。

厚生労働省が発表した16年度の虐待に関する調査でも、特別養護老人ホームなど施設の職員による虐待は452件と、前年度より10・8%増えた。増加は10年連続で、またも過去最多を更新した。

理由について厚労省は「社会的な関心が高まり、通報が増えたことも一因」と言うが、見過ごせない問題である。

虐待は高齢者の尊厳を傷つけ、施設に対する不信を招く。介護保険制度への信頼も損ねかねない。超高齢社会を迎えて介護の需要が増す中、施設だけでなく、国や自治体も対策を強化すべきだ。

岡山県内の施設の虐待は16年度、5件（前年度11件）、広島県は17件（同18件）、香川県は4件（同6件）といずれも減少した。だが、自治体が把握した事例だけで、氷山の一角にすぎない可能性があることを忘れてはならない。

全国的にみると、虐待の種類は拘束などの身体的虐待が65・5%と最多で、認知症がある場合に受ける割合が高かった。虐待の原因は教育や知識、介護技術の不足が大きいとされた。認知症のケアを中心に研修を充実させることが求められる。

多くの職員が真摯《しんし》に高齢者と向き合い、介護していることも確かである。しかし、深刻な人手不足で忙しさが増したことが虐待の増加に影響しているとの指摘もある。待遇の改善などの人材確保策をさらに進めることが必要だ。

職員の負担軽減も図りたい。施設に支払われる介護報酬は今月、3年に1度の改定が行われた。その中で、夜勤の際、高齢者の様子を見て回る職員の代わりにセンサーで見守る機器の導入が促された。こうした情報技術の活用などで仕事を効率化できるよう国や自治体はさらに後押しを図ってほしい。

厚労省が施設での虐待とともに調査した、家族らによる虐待は16年度、1万6千件余で、前年度より2・6%増えた。岡山県は285件（前年度比27・2%増）、広島県は330件（同4・3%減）、香川県は163件（同11・6%増）だった。

虐待の原因には介護疲れ・ストレスや加害者自身の障害・病気などが挙げられ、虐待の加害者は息子が4割、夫が2割強を占めた。男性は悩みを相談するのが苦手とされ、孤立させない支えが大切だ。

岡山県では、認知症の人と家族の会県支部が県と岡山市の委託で「おかやま認知症コールセンター」を設け、平日の日中に電話で相談に応じている。介護家族が集い、悩みを話し合う場の存在とともに周知し、悲劇を防ぎたい。

2018.4.8

出典：2018年4月8日山陽新聞朝刊

1．社説のテーマは「高齢者への虐待」です。高齢者への虐待とはどのような行為を示すでしょう。発生件数などデータも調べてみましょう。

2．社説では高齢者虐待の事例として、2014（平成26）年に川崎市の有料老人ホームで起きた事件を取り上げています。どのような事件だったか調べてみましょう。

3．高齢者への虐待はなぜ起きるのでしょう。その理由を考えてみましょう。

4．高齢者施設や家庭で高齢者への虐待を防止するには、どのような対策があるでしょう。

5. 解　説

社説とは、社会で起きるさまざまな出来事に対し、新聞社の考えを主張する論説のことです。今回の社説は「高齢者への虐待」がテーマです。見出しは「対策強化し歯止めかけよ」と、新聞社としての考えを示しています。社説の内容を分析し、高齢者虐待がなぜ起きるのかを考えてみましょう。

（1） 川崎市の事件

2014（平成26）年に川崎市の介護付き有料老人ホームで、入所者が相次いで亡くなる衝撃的な事件が起きました。社説が取り上げた事件の概要は―。2014（平成26）年11月に87歳男性が施設4階のベランダから、翌12月には86歳女性が4階ベランダから、96歳女性が6階ベランダから、それぞれ何者かに投げ落とされました。

3つの事件が起きた日の夜勤者だった施設職員の20代男が逮捕されました。2018（平成30）年3月22日、横浜地裁での判決で、殺人罪に問われた元施設職員の被告は求刑通り死刑判決が言い渡されました。任意段階や逮捕直後に3人の殺害を認めた自白の信用性が最大の争点でした。被告は無罪を主張しており、弁護側は即日控訴しました。山陽新聞のこの裁判に関する記事では、裁判長が「介護のうっぷんを晴らそうとしたり、転落直後の被害者の救急救命措置をして周囲の称賛を得ようとした」と動機を示しています。

（2） 虐待件数と内容

川崎市の事件のように、高齢者が危害を加えられる虐待の実態はどうなっているのでしょう。厚生労働省が発表した2016（平成28）年度の特別養護老人ホームなど、介護施設職員による虐待件数は452件で、2015（平成27）年度に比べ44件増。10年連続で増え、過去最多を更新しました。このうち20件は過去にも同じ施設で虐待が起きていました。

なぜ高齢者への虐待は減らないのでしょう。厚生労働省は「社会的な関心が高まり、通報が増えた」ことが一因だとしていますが、介護現場の深刻な人手不足が影響しているとの指摘もあるようです。川崎市の事件の判決理由で裁判長は「介護のうっぷんを晴らそうとした…」と動機を示しています。

厚生労働省の調べでは、施設職員による虐待の種類（複数回答）は、拘束などの身体的虐待が65.5％と最多で、暴言などの心理的虐待が27.5％、介護放棄が27.0％―と続きます。施設職員の虐待の原因（複数回答）として「教育・知識・介護技術などに関する問題」「ストレス、感情コントロールの問題」が挙げられました。

（3） 介護職員の待遇改善

社説では「多くの職員が真摯《しんし》に高齢者と向き合い、介護していることも確かである」としながらも、「深刻な人手不足で忙しさが増したことが虐待の増加に影響しているとの指摘もある」と、待遇改善などによる人材確保に向けた対策の必要性を主張しています。

厚生労働省が調査し2018（平成30）年4月に発表したデータによると、2017（平成29）年4月の介護報酬改定で拡充された「処遇改善加算」を取る介護事業所で、常勤介護職員の平均給与月額は29万7,450円（2017（平成29）年9月時点）です。2016（平成28）年同月に比べて1万3,660円増えました。

調査は全国7,660か所の施設、事業所から有効回答を得たものです。給与月額には、基本給のほか、手当や一時金を含んでいます。給与アップの方法（複数回答）を聞くと、賃金水準を底上げするベースアップは22.5%にとどまり、勤続年数や年齢に応じて上がる定期昇給が66.4%、手当の引き上げ・新設が44.7%でした。

待遇改善を含めさらなる人手不足対策を急がなければ、介護事業そのものが揺らぐというデータがあります。2018（平成30）年1月の山陽新聞に「全国の介護サービス事業者の倒産件数が過去最多」という記事が掲載されました。信用調査会社・東京商工リサーチのまとめ（速報値）で、2017（平成29）年の1年間で全国の介護サービス事業者の倒産件数（負債額1,000万円以上）は111件（岡山1件）に上り、2000（平成12）年の介護保険制度開始から過去最多となりました。人手不足による人件費上昇による収益悪化、競争激化で事業者の淘汰が影響しているとみられています。

（4） 孤立させない支え

厚生労働省の調査では2016（平成28）年度に家族や親族による高齢者への虐待は、2015（平成27）年度に比べ408件増の1万6,384件。殺人や心中などで25人が亡くなりました。家族による虐待の原因（複数回答）は「介護疲れ、ストレス」「加害者自身の障害・病気」「経済的困窮」が理由に挙がりました。虐待の加害者は息子が40.5%、夫が21.5%でした。

社説は「孤立させない支えが大切だ」として、岡山県内では認知症の人と家族の会県支部が県と岡山市の委託で設けた「おかやま認知症コールセンター」が、平日の日中に電話相談に応じていることを紹介しています。社説が訴えているように、介護する家族が気軽に相談し、悩みを分かち合うシステムの確立も必要でしょう。

（江草明彦）

第2章　介護と生活

記　事

デニム家具 洗練空間に

岡山県内 空港や銀行

岡山県特産のデニムで仕立てたインテリアを導入する動きが、県内企業で広がっている。地場オフィス用品メーカーの提案を受け、空港や銀行、バスなどの座席が続々と〝衣替え〟。各社は洗練された空間を演出すると同時に、地場産業を応援する企業姿勢もアピールしている。

（鳥越謙一、岸本渉）

「空港は地域と世界を結ぶ玄関。岡山のデニムをグローバルに発信する場にしたかった」とするのは、岡山空港ビルを運営する岡山空港ターミナル（岡山市北区日応寺）。開港30周年の節目に当たる3月、国際線の待合スペースに濃紺のデニムを使ったいす（60席）を導入した。

表面加工を施して撥水《はっすい》性を持たせた生地は、色あせにくく、上品な光沢を帯びる。「シックで洗練された雰囲気。各国から訪れる観光客やビジネスマンの評判もいい」という。

いすを手掛けたのは、オフィス用品企画販売のナック（同芳賀）。ジーンズメーカーのジャパンブルー（倉敷市児島味野）と共同開発した家具用生地「倉敷ロータスデニム」を使っている。

ナックは2016年からロータスデニムの家具を展開。製品販売のほか、生地の張り替えにも対応している。「インテリア向けに用途を広げれば、地域のデニム産業が活性化する」と同社。口コミ効果を見込み、利用者の多い交通関連施設や金融機関を中心に売り込んでおり、採用例が次第に増えてきた。

デニムを張ったいすが並ぶ岡山空港の待合スペース

シートをデニムで覆った観光バスの車内

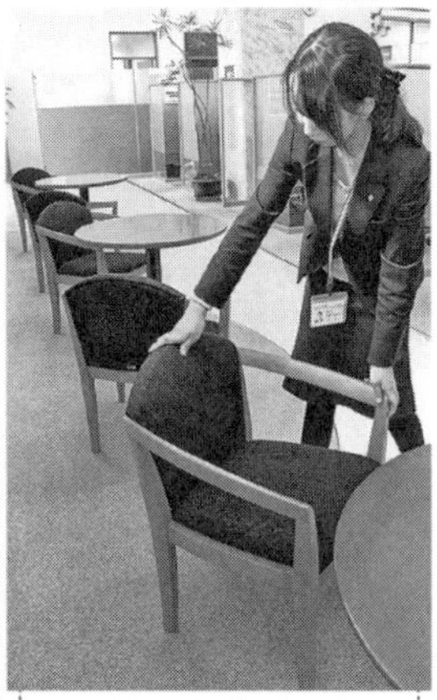

ロビーのいすのシートを張り替えた中国銀行児島支店

待合のいす、バス座席　地場産業を応援

中国銀行（岡山市北区丸の内）は、ジーンズやデニム生産が盛んな児島（倉敷市）、井原（井原市）の両支店にロータスデニムの家具を導入。2月から3月にかけ、応接室のソファやロビーのいすのカバーを順次張り替えた。「地域の顧客や取引先に、地場産業を下支えする当行の姿勢を示したかった」とする。

両備グループの岡山交通（岡山市南区豊成）は昨年9月、ロータスデニムをシートに張ったタクシー2台を導入した。県内を中心に運行している。

カバーの縫い目にオレンジ色の糸を使うなど、実際のジーンズと同じ仕様で仕上げており、観光客に喜ばれているという。今年3月には、全57席をデニムで覆った観光バスも投入した。同様のタクシーやバスを増やすことも検討している。

同社は「〝ジーンズの聖地〟をアピールし、岡山の産業観光を盛り上げたい」としている。

出典：2018年5月2日山陽新聞朝刊

1．次のことについて書きましょう。

（1） デニムがふるさと岡山の特産品であることは、全国的に有名です。そのデニムを、生活に密着したインテリアに取り入れようという新聞記事です。

あなたが「ふるさと」を感じることや物をいくつか書いてみましょう。

（2） デニムといえば、ジーンズというイメージが私たちにはあるでしょう。岡山県の特産品として、デニムは日本だけでなく世界で有名です。それを着るだけではなく、日常の生活場面に利用しようということは、肌で触れて「ふるさと」を実感できるうれしいことです。

岡山県特産のデニムをインテリアに使用するために動きだした企業を、新聞記事からいくつかあげてみましょう。

（3） 地元企業が協力して、ふるさと岡山を盛り上げようとしていることが、記事から伝わってきます。

このように、地元企業が協力して一つの目的に向かっていく様子は、介護と生活においても同じです。企業の協力だけでなく、基本的な人と人との協力が必要です。

例えば、寝たきりの高齢者を介護するために、どのような人が協力できると思いますか？ 何人かあげてみましょう。

（4）介護における生活で一番大切なのは、人間らしく生きるために、その生きる意欲を引き出して生活を支援することです。もちろんお互いに協力して支えあっているからこそ、相手だけではなくて自分自身にもあてはまることです。

しかし、実際にどう支援したらよいのかわからないことが多いです。ヒントは、この新聞記事に隠されています。人はあらゆる状況でも、常に心の拠りどころとして「ふるさと」があり、それをどう活用するかという視点で、新聞記事を2度3度と読んでみましょう。介護における生活の大切な要点が、あなたなりにイメージできるのではないでしょうか。

ふるさと素材のデニムが、多くの場所に使われるようになることに対して、あなたはどう思いますか？

（5）福祉の考え方に、これは絶対こうだというような定まった考え方はありません。人が10人いたら10通りの考えがあってオッケーです。同様に、デニムは着るものという固定された考えではなく、気軽に「ふるさと」を感じる場面が増えたということは、今までの定まった考えを超えてオッケーとする大変良いことです。

それは、介護が必要な人が、生きることに精一杯であるがゆえに「ふるさと」を実感する機会がどれだけ大切かということにつながります。

今までのあなたの「介護」という言葉のイメージは何ですか？ 言葉でも、イラストでも自分のイメージを表現してみましょう。

（6）「介護」の意味を考えると、今のあなたができることは何でしょうか？ いくつでも書きましょう。

2. 解　説

筆者が幼い頃、早く大人になりたいとずっと思っていました。子どもから抜け出し、大人になって自由に暮らしたいと夢見ていたからです。

いざ大人になって、大きな街で暮らし始めると、やはり大人は自由に生活できると感じました。なぜなら、やりたいことが、自分の判断でできるからです。その一方で、子どもの頃にはなかった「社会のルール」が存在していることを知りました。大人の世界は人も多く、いろいろな人と仲良くしなければなりません。筆者は、だんだん疲れてきました。

そんな時、久しぶりに田舎の実家へ帰りました。川の清流、山の緑、虫の鳴き声、すべてが新鮮に感じ、筆者に優しく「おかえり」と言ってくれたように思えました。生きる勇気を与えられました。

だれにでも「ふるさと」があります。そのことに、普段は気づきません。「ふるさと」を離れて、その大切さがわかります。あなたが（1）に書いた「ふるさとの思い出」は、あなたの主観的なものです。しかしその「主観的なもの」を大切にすることこそが、私たち介護福祉士に必要な視点ではないでしょうか。

デニムを利用した商品には、地場オフィス用品メーカーの提案を受けながら、文具や着物に使用されたり、空港や銀行、バスなどの座席の衣替えなどにも活用されています。このように地元で生産されるデニム生地を用いて、「その時代」にあった多くの商品を開発し続け、隙間のない地場産業を脈々と後世に伝えています。つまり私たちが生活する地域社会は、地域の空間的な生活の連続性と、時間的な生活の連続性のなかにあることが理解できますし、この岡山の地場産業による取り組みが全国に広まり、多くの場所で「ふるさと」を感じる機会が増えることが楽しみです。

では「ふるさと」とキーワードから「介護」という視点で物事を考えるとどうなるでしょうか。「介護」という言葉は、何だか難しいような言葉に思えますが、実は簡単な言葉です。介護の「介」は「人」を２本の棒で支えるようなイメージの漢字であることから、その２本の棒も、見方によっては「人」の字を崩したように見えます。つまり、「人」が「人」を支えて護るのが介護の原点と言えるでしょう。私たち人間は、常に誰かを支えて、時には支えてもらって生きている。このことを中心において、いろいろ考えることが介護です。決して難しい言葉ではないのです。

最後に、最近は自然災害の増加から「ふるさと」を失ってしまう人が増えています。あの空間、あの景色、あの人ともう会えないという悲しみは想像を絶することです。少しでも元通りに災害復興を進めることは大切なことです。しかし、失ったものは戻ってこないという悲しい現実がそこにはあります。私たちにできることは生活者の有している価値観や文化が継承し続ける支援をすることです。そのためには、生活者に「寄り添って支える」こと、個々人の自己実現に向けて沸き起こる「心の躍動感（自律）」がもてる継続した支援の提供ではないでしょうか。

この新聞記事から、デニムというふるさとの素材をめぐって多くの人々が協力する姿勢こそが大切であることを感じさせられます。人間が「生きる」ということに対して、お互いしっかり考えるような環境を作って実際に行動する、そんな未来を普通に実現できるような生活を、心の「ふるさと」として生きていきたいと思います。

（伍賀　正）

記　事

Books

著者の肖像

母の介護 自伝的な物語

「泣きかたをわすれていた」

落合　恵子さん

母の介護や児童書の専門店の経営。そんな自らの経験を、〝フィクション〟というラベルを貼ることで、ようやく言葉にできた。

「母を見送って10年になります。もういいかな、という気持ちになって。あとは、せめて愛した人間の手でその人の記憶を残しておきたいという思いもありました」

落合恵子さんによる21年ぶりの小説の単行本「泣きかたをわすれていた」は、老境にある「冬子」が主人公。認知症の母をみとり、親しい知人を見送る中で、自身の人生を見つめ直す自伝的な物語だ。

冬子が母を介護する過酷な日々は「小説だけど、ほぼ現実」。エッセーでは描けなかったエピソードも盛り込んだ。

「冬子が『いったい、いつまで続くの？』と問う場面は、小説でなければ無理でした」。

母から「おかあさん」と呼ばれ、寝る前には母に絵本を読み聞かせる冬子。母娘の間で巡りゆく時間には、つらさだけでなく豊かさやおかしみもある。

老いや介護を深掘りすれば、突き当たるのは「死」という核だ。小説で婚外子として生まれた冬子は「子どもの頃、わたしが最も恐れていたのは、わたしが母より先に死ぬことだった」と告白する。

「自分が死んだら、愛する人が喪失感に苦しむ。その恐怖は、私の心の底流にもずっとあった」

しかし冬子は、大切な人を見送ることによって、その恐怖から解放されたことを知る。「いつでも死ねる」。そう思った瞬間、それまで経験したことがないほどの大きな安堵《あんど》を味わうのだ。

それは、今の落合さんの実感そのものでもある。「こんな自由があったのか、という気持ち。自分の死を覚悟することはある意味絶望かもしれないけれど、そこには光があふれている。たどり着けたのはうれしいこと」

テーマは重厚だが、読後感は不思議と軽やか。「老いる」とは、若さや健康を失うばかりではなく、あえてそれらを手放した代わりに、大きな自由を手にすることなのかもしれない。そんなほの明るい思いが、胸に残る物語だ。

◇

（「泣きかたをわすれていた」は河出書房新社・1620円）

おちあい・けいこ　1945年栃木県生まれ。文化放送アナウンサーを経て作家に。子どもの本の専門店「クレヨンハウス」主宰。「母に歌う子守唄　わたしの介護日誌」など著書多数。

出典：2018年5月6日山陽新聞朝刊（共同通信配信）

1．次のことについて書きましょう。

（1） 落合恵子さんといえば、1970 年代前半の深夜のラジオ番組では、誰もが知っている大人気 DJ でした。また、『スプーン一杯の幸せ』という小説シリーズは、当時爆発的な発行部数を記録して映画化されたこともあり、社会での女性の活躍を自ら示した点で、非常に有名な人です。その後、児童書籍の専門店を自ら経営しておられることは知っていましたが、最近は介護に関する本を執筆されていることに関して、筆者はまったく知りませんでした。当時を知っている人なら、「あの落合恵子さんが介護の本？」と感じる人も少なくないはずです。筆者もその一人で、この記事には大変興味を持ちました。

落合恵子さんが、最も活動していた 1970 年代前半における次の出来事のうち、あなたが知っていることはいくつありますか？ レ点ををつけてみましょう。

□ 日本万国博覧会（大阪万博）が開催
□ ロッテが 10 年ぶりパ・リーグ優勝
□ 三島由紀夫が割腹自殺する（三島事件）
□ マクドナルドの日本 1 号店が東京・銀座に開店
□ 日清食品から世界初のカップめん発売
□ テレビアニメ「天才バカボン」が放送開始
□ 浅間山荘事件
□ 沖縄返還

（2） あなたが親から「おとうさん」または「おかあさん」と呼ばれたら、どう返事をしますか？

（3） （2）のように自分を呼んだ親が、認知症だと知ったらあなたはどのように返事をするのがよいと思いますか？

（４）　私たちの生活の中で、何らかの行動をした後に別の方法があったのではないかと、時間が経って後悔することがあります。それは、介護を行う時も同じです。

今まで、あなたの身内に迷惑をかけて後で後悔したことをいくつかあげて下さい。

（５）「人生の節目」という言葉があります。あなたが経験した「人生の節目」をいくつかあげてください。

（６）　新聞記事の後半に「「老いる」とは若さや健康を失うばかりではなく、あえてそれらを手放した代わりに、大きな自由を手にすることかもしれない」とあります。「介護を通して人間が成長する」ということを、あなたの言葉でわかりやすく書いてみましょう。

2. 解　説

記事で紹介されている本は、落合恵子さんが自らの体験を主人公の冬子として、献身的に認知症の母を介護している様子が描かれた、まさに自伝的な本です。最後に母は亡くなりますが、同じく母が亡くなるまで自宅で介護していた筆者と、境遇がよく似ていることもあって、本を購入して読み進めていきました。母から「おかあさん」と娘の冬子が呼ばれて戸惑う様子、「マヨネーズを持ってきて」と言われて持っていくと「違う」と強く言われ、実はルームシューズを持ってきて欲しかったことなどから本の内容は始まります。本が苦手な人も読みやすく、冬子の心理を中心に描いている文章は、人の心の動きを中心にした昔の落合恵子さんの本と同じです。

次に、親から「おとうさん」または「おかあさん」と呼ばれたら、どう返事をするとワークシートに書きましたが、例えば「…間違ったことを言っても、同じことを繰り返されても、頭ごなしに否定などせず、せかさずに、やさしく穏やかに対応してあげてください。誰よりもご本人が最も不安なのです。混乱されているのです…」[1]と、冬子は介護の学習会で看護部長から聞きます。これは、教科書にも載っている認知症ケアの基本的な姿勢と同じです。

しかし冬子や看護部長は、はたして自分の親が認知症になったらその通りに実践できるのでしょうか。今まさに家族の介護をしている人なのだろうかなど、いろいろ考えてしまいます。その心の描写がとてもリアルで絶妙です。

私たちの生活の中で、何らかの行動をした後に別の方法があったのではないかと、時間が経って後悔することがあります。それは、介護を行う時も同じです。なぜなら、介護についての考え方や方法はたくさんあり、多くの書籍に書かれています。そして、どれも正しく参考になる内容ばかりです。

しかし、現実として相手の生活、自分の生活と照らし合わせると、なかなか参考書通りにいかないことも事実です。とくに相手が親などの身内であれば、さらにうまくいきません。なぜなら筆者もその一人であるからです。幼い頃、悪ふざけをして母から往復ビンタを喰らい叱られた記憶があります。しかし、今は「お母さん、起きてるか」と言って母のホッペを叩く自分がいる。つまり立場が逆転していたのです。あとで、どれだけ後悔したことか。

「人生の節目」という言葉があります。あなたがこれまで生きてきた中で経験した「人生の節目」はどのようなものをあげたでしょうか。幼少時の冬子は、友人の死後「母を愛する気持ちと比例して、あれ以来、私が死んだら母をも死なせるという鎖をひきずることになった」[2]として、自分の死を怖れるようになります。それは子どもでも大人でも、年齢や性別に関係なく、誰でも死を怖れるということに違いないからです。

新聞記事によると、人生には多くの節目があることがわかります。また老いや介護を深掘りすれば、突き当たるのは「死」であると書かれています。確かにそうかもしれません。ただ、死はスタートですか？　ゴールですか？　と言われると、意見は分かれると思います。本人にとってはゴールかもしれないが、周りの人にとってはスタートかもしれません。

筆者の母はというと、ちょっと目を離したすきに自宅のベッド上で、静かに眠るように息を引き取っていました。大声で呼びましたが、返事はありませんでした。筆者は母に抱きつきました。まだ身体が温かく、子どもと抱き合っているような体温が伝わってきました。次第に冷たくなる母を自身の身体で感じながら、言葉では表現できない感謝の想いが渦巻くとともに、何かが終わって何かが始まったような気がしました。それは、新聞記事の恐怖からの解放とよく似ています。最後に介護は日常生活の延長にあるものであり、何も特別な事態ではなく、介護を通してさらに人間が成長することを覚えておきたいです。

注

1）　落合恵子『泣きかたをわすれていた』河出書房新社　2018　p.27

2）　前掲　p.71

（伍賀　正）

第3章　介護の概念

記　事

障害者店員の間違い受け入れて
倉敷に「やさしい料理店」
20、21日限定オープン

知的障害者がスタッフを務め、注文を間違っても「大丈夫」と客が笑顔で受け入れる―。そんな料理店が20、21日、倉敷市内に期間限定で登場する。名付けて「世界一やさしいレストラン」。障害者就労への理解を深めてもらうとともに、誰もが優しく支え合う社会を目指す取り組みだ。

スタッフは、就労継続支援B型事業所で働いたり、就労移行支援事業所で訓練に励んだりしている障害者、支援学校の生徒ら12人＝10～20代。客から注文を取ってテーブルに料理を運び、片付けや料金の精算も行う。同A型事業所などを営むNPO法人・まこと（倉敷市中庄）が、市美観地区の人気イタリア料理店「星のヒカリ」（同市中央）を貸し切って開設する。

客として訪れるには条件がある。「間違いを笑顔で許してくれること」。メニューはコースのみで、メイン料理を「クリームパスタ」「ラザニア」「オイルパスタ」の3種類から選ぶ。もしかしたら、パスタを注文したのにラザニアが出てくるかもしれないが、「まあいいか」と状況を受け入れるのがコンセプト。そのまま食べるか、取り換えてもらうかは客に委ねられる。

料金は950円。千円札で支払った際に50円のお釣りが出るようにした。スタッフの就労訓練のためだ。

「『世界一やさしい』とは、来てくれるお客さんのこと」。主催者の一人、山田弓美さん（48）＝まこと職員＝が説明する。「障害者がどんなふうに働いているのか、間近で見て知ってほしい。声掛けや少しの手助けがあれば、本当に多くのことができる」

障害者の自立支援に取り組む協同組合「レインボー・カフェ・プロジェクト」（倉敷市）の理事で医師の亀山有香さん（45）は「障害のある人もない人も、お互いが優しい気持ちで歩み寄れば、もっと働きやすい社会になる」と活動に賛同する。

認知症患者を配膳係に、東京で昨年開かれ話題を集めた「注文をまちがえる料理店」に触発され企画。定期開催も計画している。

20、21日とも午前11時～午後0時半と午後1時～2時半の2部制。定員は各日45人（先着順）。15日までに、まこと（086－436－8805）に申し込む。

（石井聡）

■「世界一やさしいレストラン」のイメージ

出典：2018年6月10日山陽新聞朝刊

1．言葉を調べましょう。

（1） 知的障害とはどのような障害なのか調べてみましょう。

（2） 就労継続支援 A型事業所と B型事業所についてそれぞれ調べてみましょう。

（3） 就労移行支援について調べてみましょう。

（4） 障害者の就労の現状について調べてみましょう。

（5） 障害者が働きやすい環境とはどのようなものでしょうか。

2. この記事を読んだ感想をまとめてみましょう。

3. 解　説

（1） 知的障害とは

法的に明確な定義はありませんが、「知的機能の障害が発達期（一般的には18歳以下）にあらわれ、知能指数で70以下、適応機能に障害があり、何らかの特別の援助を必要とする状態にあるもの」とされています。

知的障害の原因の多くは周産期や新生児期以後の原因による一方で、遺伝が要因のものもあります。

（2） 就労継続支援A型・B型事業所とは

A型は、企業等に就労することが困難な障害のある方に対して、雇用契約に基づく生産活動の機会の提供、知識および能力の向上のために必要な訓練などを行います。またB型は、通常の事業所に雇用されることが困難な就労経験のある障害のある方に対し、生産活動などの機会の提供、知識および能力の向上のために必要な訓練などを行うサービスです。

（3） 就労移行支援とは

一般就労に必要な知識・能力を養い、本人の適性に見合った職場への就労と定着を目指し、さまざまな面からサポートをするものです。

（4） 障害者の就労の現状について

民間企業や地方自治体において、従業員の一定割合（法定雇用率：民間企業2.2%、国・地方公共団体等2.5%、都道府県等の教育委員会2.4%）以上の障害者の雇用が義務付けられています。また、この雇用率未達成企業から納付金を徴収し、雇用率達成企業などに対して調整金、報奨金を支給するとともに、各種の助成金を支給しています。このように障害者の一般就労への対策がなされています。

2016（平成28）年6月現在の障害者雇用者数は47.4万人で雇用率は1.92%となり、13年連続で過去最高を更新しています。このことから、障害者雇用は着実に進展しているとみられてきました。また、就労移行支援や就労継続支援などの就労系福祉サービスの利用者数も、すべての障害種別において大きく増加しています。しかし、定着率や継続年数をみると、知的障害や発達障害などに比べ精神障害が低い結果となっており、精神障害への理解や支援に課題があると考えられます。

（5） 障害者が働きやすい環境とは

障害者の離職の理由をみると、「職場の雰囲気・人間関係」「賃金・労働条件に不満」「会社の配慮が不十分」などがあげられています。また、改善等が必要な事項をみると、「調子の悪い時に休みを取りやすくする」「コミュニケーションを容易にする手段や支援者の配置」「短時間勤務など労働時間の配置」など細かい配慮を必要としていることがうかがえます。

障害について企業側が理解を深め、障害者が働く上で困っていること、配慮を求めていることをさらに考えていくことが必要です。そして、相手の立場になって働きやすさの追求をしていくことで障害者が安心して働く環境が整えられていくことでしょう。

（橋本　歩）

記　事

輝いてまち・人

サポートリーダー富山会

認知症 暮らしやすく

認知症カフェで体操を教える福森さん（右端）ら

カフェ、パネル展開催

岡山市中区富山地区の住民有志が「認知症サポートリーダー富山会」を立ち上げ、地域で認知症への理解を広げている。公民館での「認知症カフェ」や中学校でのパネル展を開催しており、メンバーは「高齢化が進む中、認知症になっても安心して暮らせる地域にしていきたい」と活動に力を入れている。

メンバーは60～70代の男女4人。市が開く認知症患者や家族を支える「認知症サポートリーダー」の2013年度の養成講座を受講した福森和子さん(79)＝同海吉＝が「身に付けた知識を地域で役立てよう」と他の修了生らに呼び掛けて昨秋発足した。

会は昨年10月から月1回のペースで、認知症の人や家族らが集う「認知症カフェ」を富山公民館（同福泊）で開催。メンバーや近隣の高齢者福祉施設の職員が講師を務め、認知症の予防や進行を遅らせる効果が見込めるとされる体操などを教えている。

4月23日のカフェには、認知症の患者を含め、地域のお年寄りら約50人が参加。新聞紙で手作りした棒を使って体操したり、5月5日の「こどもの日」に合わせ、折り紙でかぶとを作ったりして、体や指先を使った動作を織り交ぜながら楽しく交流した。

地元の子どもたちへの啓発にも力を注ぐ。昨年10月には富山中学校（同海吉）でパネル展を開催。「物事が覚えられない」「人が判別できなくなる」といった症状のほか、認知症への対応として「（話している内容を）否定しない」「せかさない」など接し方をまとめたポスター19点を展示。今年3月のカフェでは富山小の児童らが〝講師〟を務め、認知症の祖母と家族のやり取りを描いた紙芝居も披露した。

今年8月のカフェでは、富山中の生徒に企画から参加してもらう計画。福森さんは「高齢化で、地域でも認知症患者の増加が見込まれている。カフェなどを通じて正しい知識を普及するとともに、世代を超えた交流も図りたい」と話す。

（小野祐香）

出典：2018年5月9日山陽新聞朝刊

1．言葉を調べましょう。

（1）認知症とはどのような病気か調べてみましょう。

（2）認知症カフェとは何か調べてみましょう。

（3）認知症サポートリーダーとは何か調べてみましょう。

（4） 認知症の予防や進行を遅らせる方法にはどんなことがあるでしょうか。

（5） 認知症の人にはどのように接するとよいでしょうか。

2. この記事を読んだ感想をまとめてみましょう。

3. 解　説

（1） 認知症の種類と症状

認知症とは、成人になってから起こる認知機能の障害のために通常の生活に支障をきたした状態をいいます。

最も多いのはアルツハイマー型認知症、次いで血管性認知症、レビー小体型認知症です。高齢になるにつれ出現率が増加し、進行性の経過をとります。

認知症にはさまざまな症状があらわれます。それには中核症状と周辺症状があり、その理解が求められています。まず、中核症状には、①記憶障害、②見当識障害（時間や場所がわからなくなる等）、③失語（ことばの意味がわからなくなる、ことばの意味はわかるが話せない等）・失行（目的に合った行為ができない）・失認（見たものを認識できない）などがあげられます。また、周辺症状は最近ではBPSDとも表現され、出る人と出ない人がいます。例としてあげると、不安感や抑うつ状態・無気力状態、幻覚や妄想などです。

（2） 認知症カフェとは

認知症の人やその家族が、地域の人や専門家と相互に情報を共有し、お互いを理解し合う場で、厚生労働省の「新オレンジプラン（認知症施策推進総合戦略、2015年）」に基づいて全国への設置が推進されています。2018（平成30）年度からは、すべての市町村に配置される認知症地域支援推進員等の企画により地域の実情に応じ実施することとなっています。

（3） 認知症サポートリーダーとは

認知症サポーターとは、都道府県および市町村等自治体、全国的な職域組織、企業等の団体が実施主体となり、地域で暮らす認知症の人やその家族を応援する「認知症サポーター養成講座」を受講した人のことです。認知症サポートリーダーは、その養成講座を受講した人が、さらに研修を受けることにより、認知症の人やその家族への適切なサポートや地域における啓発活動、およびネットワーク活動を行っています。

（4） 認知症予防

高血圧や糖尿病、肥満などのメタボリック症候群は血管性認知症の最も確実な危険因子とされています。よって、運動や食事に気を付け危険因子を抑制し、さらに回想法や音楽療法など脳活性リハビリテーションを行うことも予防につながります。

（5） 認知症の人への接し方

認知症の人は、自分ができなくなっていることに気づいています。そのような状態のときに、できなくなったことを指摘したり、行動を責めたりすると、プライドを傷つけてしまいます。本人を尊重したかかわり方をして、その人らしい生活ができるような支援が必要です。

また、認知症の人の話に耳を傾け、すべてを受け入れることが必要です。穏やかな部分も混乱している部分もすべて受け入れることです。その人が大切にしている生活スタイルやこだわりなど価値観を尊重することも大切です。

（橋本　歩）

第4章　介護福祉士の役割と機能

記　事

兵庫大、岡山医療福祉専門学校生

入所者の写真きれいに

真備の施設

　介護や福祉を学ぶ兵庫大（兵庫県加古川市）と岡山医療福祉専門学校（岡山市）の学生8人が21日、西日本豪雨で甚大な被害を受けた倉敷市真備町地区を訪れ、災害発生当時の様子を関係者から聞き取ったほか、ボランティア活動を行った。

　岡山市在住で兵庫大の小倉毅准教授が、岡山医療福祉専門学校の非常勤講師を務めている縁で、両校の学生に声を掛けた。

　一行は、倉敷市真備町有井の特別養護老人ホーム「クレールエステート悠楽」を訪問。岸本祥一施設長から、施設が約5㍍の高さまで浸水し、職員や近所の住民が屋根に避難し救助された当時の様子を聞いた。「高齢者の笑いや生活があった空間が一変した。一日も早く日常に戻れるよう手伝ってほしい」と呼び掛けられると、学生は大きくうなずいていた。

　続いて、入所者29人が一時避難する「シルバーセンター後楽」（同町箭田）に移動。スポンジや歯ブラシを使って、被災した入所者の写真や財布、バッグなどに付いた泥を丁寧に水で洗い流した。

　岡山医療福祉専門学校1年でベトナム人のファン・ゴック・ヴィさん（24）＝岡山市＝は「母国で災害の経験はなく被災地は初めて。気持ちが落ち込んでいるお年寄りのために少しでも役に立てれば」と話していた。

（山内悠記子）

被災した入所者の写真に付いた泥を洗い流す学生

出典：2018年7月24日山陽新聞朝刊

1．災害ボランティアの記事です。災害ボランティア時の留意点を考えてみましょう。

2．記事には、５メートルの高さまで施設が浸水したとあります。もし、社会福祉施設内で災害に遭遇した場合、介護職員として「どのような役割」が求められるかを考えてみましょう。

3．介護福祉士は、利用者と関わるとき、災害時に限らず平時においても、専門職としてどのような役割が求められているかを考えましょう。

4. 解　説

（1） 災害ボランティア時の留意点

近年、東日本大震災や熊本地震、大阪北部地震、台風による豪雨災害など、多くの自然災害が発生し、各地に甚大な被害をもたらしていることは、報道機関やメディアで周知の通りです。

このように甚大な災害が発生したとき、どのような手順でボランティアの受け入れ態勢を整えているでしょうか。それは全国社会福祉協議会や各都道府県・市町村社会福祉協議会が迅速に災害ボランティアセンターを立ち上げていることを覚えておく必要があります。センターでは災害時要配慮者のニーズと、ボランティア希望者の提供できる活動内容を整理しながら、適材適所に必要な人数を派遣しています。最近では全国老人福祉施設協議会が災害派遣福祉チーム（D-WAT）の育成をはじめており、西日本豪雨災害（2018（平成30）年7月）を受けた岡山県倉敷市真備町でも避難所内で活躍していました。

では介護福祉士としてのボランティア活動はどうでしょうか。筆者が災害ボランティア活動で出会った熊本県や岡山県の社会福祉施設職員の様子を振り返ると、災害直後でありながらも普段と変わらない笑顔と「ゆったりとした時間」のなかで生活支援を提供していました。このように自分の思いを律しながらの職務は、専門職であるがゆえに「弱さを」みせず、使命感をもって要介護高齢者（当事者）や家族と向き合い続けていたと推察できます。改めて考えてみると、職員も「被災者」であり避難生活を送りながらの職務であるため、避難生活が長引くほど心身の疲労がたまり、より良い支援が提供できなくなると考えられます。

災害ボランティア活動を行う際に留意すべき点は次の通りです。①「何かできることがあれば」という思いで被災地に出向くのではなく、介護福祉士として「これならできる」という目的意識をもって活動することが大切です。②最低限のルールとして、被災地では食事や宿泊先の確保などは自らが準備する自己完結型の活動となります。③災害には震害や風水害といった自然災害、火災や地盤沈下といった人為災害など、さまざまな災害分類があります。被災要配慮者にとっては、同じ災害であっても自宅周辺の被災状況や世帯構造、経済状況、マンパワーの数によって災害のとらえ方と見通しが大きく違ってくると理解する必要があります。④被災地に赴き、体調を崩すことがあってはいけません。つまり体調管理に気を遣い無理をしないことです。また、最低限の保険（ボランティア保険など）に加入するなど、事前準備に余念がないようにしておきましょう。

〔補足〕保健医療関係者との連携として、災害時派遣医療チーム（DWAT）や保健師チーム、災害派遣精神医療チーム（DPAT）との情報共有も考えておく必要がある。

（2）災害時の介護職員としての役割

先ほども述べましたが災害地域や同じような災害状況であっても、そこに住まわれている地域住民の生活スタイルによって、支援する内容が大きく変わってきます。

熊本地震の震源地で施設運営をしている就労継続支援B型事業所は、震災直後から避難所に集まった地域住民に対して200～300食の炊き出しを毎食提供しながら、避難所生活を送ることの「できない」社会的弱者に、施設を避難所として開放し、災害要配慮者の置かれている環境において提供できる支援を行っていました。

倉敷市真備町にあるクレールエステート悠楽は、施設が水没したにもかかわらず一人の犠牲者も出しませんでした。岸本施設長によれば、豪雨時には浸水する可能性があることを全職員がハザードマップを見て理解していたこと、そして避難勧告の発令後、職員たちが迅速に対応したことによって、一人も犠牲者を出さない対応ができたと振り返っていました。また筆者が感心させられたできごとがもう一つあります。それは5メートルの高さまで浸水し、屋上に避難した時の介護職員の対応です。

利用者が避難した後、避難先で使用する福祉用具等の準備と戸締りをしている数分間に、河川が決壊したため施設職員は止む無く屋上に避難しました。翌朝、屋上には消防隊や自衛隊の救助隊ボートで救助された近隣住民たちが次々と避難してきました。そのときの対応です。

屋上避難時に介護福祉士が機転を利かせて持参したものに「水分やお菓子、おむつ、ごみ袋」がありました。何気ない行動ですが、水位が上昇し続け完全に水没し流される危険性があるなかで、空腹と口渇を防ぎ、最低限の排せつ場を確保したことで、冷静な判断ができたことは言うまでもありません。また避難してきた近隣住民を励まし続ける姿勢は、さすが専門家集団であったと話されていました。

このことから、介護福祉士は平時、避難時においても常に対象者（利用者）の主観的な生活障害を把握しながら、「いまどのような対応」を行うかを判断する力量が求められているといえます。

（3） 専門職としての役割

「社会福祉士及び介護福祉士法」の第2条（省略して表記）に、介護福祉士とは、専門的な知識および技術をもって、身体上または精神上の障害があることにより日常生活を営むのに支障がある者につき「心身の状況に応じた介護」を行い、ならびにその者およびその介護者に対して介護に関する指導を行うことを業とする者とあります。つまり、要介護高齢者やその家族が置かれている状況を把握しながら、個々の「生活ニーズ」と「生活障害」を正確にとらえ支援する力量が求められます。

そのうえで、介護福祉士に求められるのが、個人の尊厳の保持と自立した日常生活を営めるよう誠実に業務を行う「誠実義務」（第44条の2）、信用を傷つけるような行為をしない「信用失墜行為の禁止」（第45条）、正当な理由がなく、知り得た情報を漏らさない「秘密保持義務」（第46条）、そして心身の状況その他の状況に応じた福祉サービス関係者と広く多職種協働する「連携」（第47条）、専門職として自己研鑽する「資質向上の責務」（第47条の2）といった義務規定があります。つまり、介護福祉士はどのような環境においても、常に要介護・要支援者などに寄り添い支援する専門家であるということです。また今回の演習は、災害ボランティアという視点でしたが、何らかの災害に遭遇し災害時要配慮者が助けを求めてきた場合も、専門家としての知識と技術をいかんなく発揮することが介護福祉士としての役割であると考えられます。

参考文献

「災害時の福祉支援体制の整備について」厚生労働省社会・援護局長　社援発0531第1号　平成30年5月30日
https://www.mhlw.go.jp/file/06-Seisakujouhou-12000000-Shakaiengokyoku-Shakai/0000209712.pdf
「介護福祉士災害支援ボランティアマニュアル」日本介護福祉士会　平成28年4月
『介護の基本Ⅰ　第2版』介護福祉士養成講座編集委員会　中央法規出版 2015年
『介護の基本Ⅱ　第4版』介護福祉士養成講座編集委員会　中央法規出版 2018年

（小倉　毅）

記　事

介護職員確保に地域差

25年度推計 「充足」7割台も

団塊の世代が全員75歳以上になる2025年度に、必要とされる介護職員数に対し確保できる見込み数の割合（充足率）は、都道府県による地域差が大きいことが21日、厚生労働省の推計に基づく分析で判明した。最も低いのは福島、千葉の74・1%で、必要な職員数の4分の3に届かない見通し。充足率が最も高い山梨の96・6%と20ポイント以上の差があった。全国平均は86・2%。100%確保できるとした都道府県はなかった。（3面に関連記事）

処遇改善が課題

担い手が適切に確保できないと、地域によっては高齢者が十分な介護サービスを受けられない恐れもある。介護職員は低賃金や重労働といったイメージから敬遠されがちで、このままでは将来も深刻な人手不足が避けられない。厚労省は「高齢化が進んで介護ニーズが増え、職員はさらに必要。処遇改善など総合的な対策で人材を確保していきたい」としている。

職員不足を単に人数ベースで見ると人口規模の大きい首都圏などが上位となるが、介護の需要と供給の開きを把握するため、都道府県の報告を基に充足率を比較した。

福島、千葉に次いで低いのは京都（79・3%）、沖縄（79・4%）、兵庫（81・2%）などの順。福島は東日本大震災の影響でニーズの増大に職員確保が追いつかず、千葉のような大都市部では他の産業と人材の奪い合いになるのが主な要因とみられる。

充足率が高いのは山梨を筆頭に、佐賀（95・7%）、島根（94・4%）、鹿児島と熊本（いずれも94・1%）が続いた。

岡山は90・2%、広島89・0%、香川86・9%。

16年度時点の介護職員は全国で約190万人。厚労省の推計では、25年度には約55万人増の約245万人が必要で、対策を急がないと全国で約33万7千人が不足する。

ホームヘルパーや介護施設職員の平均給与（賞与込み）は月26万7千円で、全産業平均より10万円以上低い。厚労省は処遇改善のほか、人手不足に備えて介護ロボットや情報通信技術（ICT）の活用、外国人材の受け入れ環境整備にも取り組むが、実効性は未知数だ。

ズーム　介護職員の人手不足　高齢者が増加する一方で低賃金、重労働といったイメージが広がり、慢性的な人手不足が続いている。厚生労働省が5月に公表した推計では、2025年度に約33万7千人不足する恐れがある。他業種との賃金格差解消に向けた処遇改善策として、政府は15年に最大で1人当たり月平均1万2千円、17年からはさらに同1万円引き上げ。19年10月からは勤続10年以上の介護福祉士に対し、給与を月平均8万円増やす予定だ。

出典：2018年6月22日山陽新聞朝刊（共同通信配信）

1. 団塊の世代が全員 75 歳以上になる 2025 年は、どのような社会になることが求められているかを調べてみましょう。

2. 記事に「高齢化が進んで介護ニーズが増えた」とありますが、どのような専門職が求められますか。

3. 1. と 2. を踏まえ、介護福祉士にはどのような役割が求められているかを考えましょう。

4. 解 説

（1） 団塊の世代が全員75歳以上になる2025年について

まずわが国の総人口の動向を理解してほしいと思います。人口が1億人を超えたのは、1967（昭和42）年です。それ以降は増加し続けていましたが、2008（平成20）年の1億2,808万人をピークに減少に転じ、2017（平成29）年10月現在、1億2,671万人となっています。

高齢者と言われる65歳以上の人口は、1950（昭和25）年には総人口の5%にも満たない状況から徐々に増加し、1970（昭和45）年に7%を超えました。これは国連が定義する高齢化社会が到来したことを指しています。さらに、第一次ベビーブーム〔1947～49（昭和22～24）年〕生まれの「団塊の世代」が65歳以上となる2015（平成27）年には3,395万人となりました。この後、75歳以上になる2025年には3,657万人となり、総人口に占める高齢化率が27.7%になると見込まれています。

その一方で、出生率は第一次ベビーブーム期には約270万人、第二次ベビーブーム期〔1971～74（昭和46～49）年〕に約210万人でしたが、翌年の1975（昭和50）年に200万人を割り込んで以降は減少し続けています。つまり、1950（昭和25）年には1人の65歳以上の高齢者に対して、15～64歳の現役世代が12.1人いたのに対して、2015（平成27）年には2.3人となり、2025年には1.3人という比率になると予想されています。

厚生労働省は、このような状況を「社会保障と経済成長（100人で見た日本、日本1日）」（平成23～28年）で例えています。それによると男性48.7人、女性51.3人となり、15歳未満の人口が12.4人に対して65歳以上が27.3人（75歳以上は13.3人）となります。ちなみに学生数は、小学生5.1人、中学生2.7人、高校生2.6人。大学生・大学院生2.3人という驚きの数字になることが理解できます。また1日に生まれる数2,669人に対して3,573人が亡くなり、1日当たり904人の人口減少となります。

このように、人口の高齢化が急速に進み人口減地域社会となるなかで、高齢化を取り巻く課題は地域ごとに大きく異なることを理解する必要があります。また高齢化が進む住み慣れた地域で安心して暮らし続けるためには、住民が主体的に地域課題を把握して解決する「我が事」の地域づくりと、複合化・複雑化した地域の生活課題を受け止める「丸ごと」の場づくりといった当事者意識が高まる取り組みが求められています。

（2） 高齢化が進んで介護ニーズが増えたとありますが、どのような専門職が求められますか。

2025年には、後期高齢者が2,000万人を突破し、認知症高齢者が320万人と推計されるとともに、医療ニーズを求める高齢者が増大すると考えられます。このような状況に加えて、65歳以上の高齢者が生活する世帯のうち、9割が「夫婦のみ」と「単独世帯」であることから、在宅生活を継続するには福祉サービスの利用が必要不可欠になると考えられます。

その状況を裏づけるように、少子高齢社会等調査検討事業報告書（平成27年度）では、高齢期の一人暮らしへの不安については、「大いに不安」39.9%と「やや不安」41.8%と8割以上の方が不安を抱えていると答え、不安な理由として「寝たきりや身体が不自由となり、介護が必要になったときのこと」や「病気になったとき」を理由に挙げています。また高齢者が地域で安心して暮らすために期待する行政の取り組みとしては、「介護等の福祉サービスの充実」や「医療体制の充実」「公共交通機関の充実」「買い物やゴミ出しなどの生活支援」などが挙げられていることから、介護福祉士など要介護高齢者のニーズに対して的確に支援できる専門職の人材が求められています。

（3） 介護福祉士の目指すべき像

これまで述べてきたように、いわゆる団塊の世代が75歳以上となる2025年以降も、住み慣れた地域で自分らしい暮らしができるように、住まい・医療・介護・予防・生活支援が一体的に提供される地域包括ケアシステムの実現に向けて、サービス体制を構築していく必要があります。そのためには、厚生労働省老健局長の私的研究会である高齢者介護研究会〔2003（平成15）年6月〕で提案された「2015年の高齢者介護～高齢者の尊厳を支えるケアの確立に向けて～」という報告書に、高齢者の尊厳を支えるケアの確立を目指し、①介護予防・リハビリテーションの充実、②生活の継続性を維持するための新しい介護サービス体系、③認知症高齢者の確立、④サービスの質の確保と向上が挙げられているように、要介護高齢者の状況にあわせたケアの標準化を求めていく必要があります。

つまり介護福祉士は、認知症などの要介護が必要になった場合においても、住み慣れた地域で自立（自律）した生活を継続できる支援、さらに「障害者総合支援法」にある就労支援や地域生活ができるように、「求められる介護福祉士像」について提言され、12項目が示されました。さらに、社会状況や人々の意識の移り変わり、制度改正等を踏まえ、現在カリキュラムの見直しが行われています。これまでの教育内容に加えて、ア．チームケアマネジメント能力を養うための教育内容の拡充、イ．対象者の生活を地域で支えるための実践力の向上、ウ．介護過程の実践力の向上、エ．認知症ケアの実践力の向上、オ．介護と医療の連携を踏まえた実践力の向上の5つを含めた教育内容の見直しが行われました。その内容を含めた「介護福祉士の目指すべき像」が2019年度から下記のように変わります。

①　尊厳と自立を支えるケアを実践する。
②　専門職として自律的に介護過程の展開ができる。
③　身体的な支援だけでなく、心理的・社会的支援も展開できる。
④　介護ニーズの複雑化・多様化・高度化に対応し、本人や家族等のエンパワメントを重視した支援ができる。
⑤　QOL（生活の質）の維持・向上の視点を持って、介護予防からリハビリテーション、看取りまで、対象者の状態の変化に対応できる。
⑥　地域の中で、施設・在宅にかかわらず、本人が望む生活を支えることができる。
⑦　関連領域の基本的なことを理解し、多職種協働によるチームケアを実践する。
⑧　本人や家族、チームに対するコミュニケーションや、的確な記録・記述ができる。
⑨　制度を理解しつつ、地域や社会のニーズに対応できる。
⑩　介護職の中で中核的な役割を担う。

この①～⑩を身につけることによって「高い倫理性の保持」をもった介護福祉士が誕生することになります。

参考文献

『平成30年版高齢社会白書』内閣府
『平成29年度　厚生労働白書』厚生労働省
「平成27年度 少子高齢社会等調査検討事業 報告書」三菱UFJリサーチ＆コンサルティング　2016年
「2015年の高齢者介護～高齢者の尊厳を支えるケアの確立に向けて～」高齢者介護研究会　2003年
「介護福祉士のあり方及びその養成プロセスの見直し等に関する検討会」厚生労働省社会・援護局　私的懇談会

2006（平成18）年
「WAM」2018年9月号　独立行政法人福祉医療機構　2018年
『介護の基本Ⅱ　第4版』介護福祉士養成講座編集委員会　中央法規出版　2018年

（小倉　毅）

第5章　尊厳を支える介護

記　事

背景に目を向けてこそ

高齢者虐待

高齢者への虐待が年々深刻になっている。厚生労働省が2016年度の調査結果を発表した。介護施設の職員、介護する家族らによる虐待は増加の一途をたどっている。

虐待した個人の問題にとどめることはできない。何が虐待を生んでいるのか、背景を検証し、対策を急ぎたい。

虐待の中でも特別養護老人ホームなどの施設職員によるものは452件あり、過去最多を更新した。10年前の8倍に増えている。

自治体に通報があった事例だけなので、氷山の一角と言えよう。

施設職員による虐待の種類（複数回答）は、拘束などの身体的虐待が7割近くを占め、暴言などの心理的虐待、介護放棄がそれぞれ3割近くあった。

見逃せないのは、高齢者が認知症の場合に身体的虐待を受ける割合が特に高くなることだ。

意思疎通がうまくいかず、身の回りのことが思い通りにできない。それゆえの介護のはずなのに虐待で返してしまう。高齢者の尊厳を傷つけ、施設への信頼も失いかねない。

調査では、虐待の発生要因として「職員の教育・知識・介護技術に関する問題」が最も多かった。「ストレスや感情コントロール」、「倫理観や理念の欠如」が続いた。職員の研修を充実し、技量を向上させることが大切なのは言うまでもない。

同時に職員が働きやすい環境を整えることが必要だ。

介護報酬の改定で職員の月給はわずかに上がったものの全産業平均を9万円近く下回る。中途退職者も多く、慢性的な人手不足は解消されていない。

その結果、夜勤も頻繁で、職員1人にかかる負担は大きい。疲れやストレスをため込み、思い通りにならないことへの暴言や暴力につながりやすい―。専門家が指摘する負の連鎖である。

さらなる待遇の改善で人材を集め、介護に余裕を持たせることが欠かせない。その前提として国はどんな労働環境で虐待が起きているかを調べるべきだ。

今回の調査で家庭での虐待は1万6千件余に上った。高齢者25人が亡くなった。松本市では昨年、認知機能が低下した当時79歳の母親を娘が自宅で暴行し、死なせる事件も起きている。

虐待の要因は「介護疲れ・ストレス」が最も多い。介護保険サービスの利用を促すとともに、在宅で介護する人を孤立させない地域の支えも求められている。

社　説

出典：2018年4月2日信濃毎日新聞朝刊

1. 高齢者虐待に関する法律について調べてみましょう。

2. 施設従事者による虐待について調べてみましょう。

3. 身体的拘束について調べてみましょう。

4. この記事を読んだ感想についてまとめてみましょう。

5. 解　説

（1） 高齢者虐待に関する法律

「高齢者虐待の防止、高齢者の養護者に対する支援等に関する法律（高齢者虐待防止法）」は、高齢者に対する虐待が深刻な状況にあり、高齢者の尊厳の保持にとって高齢者に対する虐待を防止することが極めて重要であることから、高齢者虐待の防止、養護者に対する支援等に関する施策を促進し、高齢者の権利利益の擁護に役に立つことを目的として2006（平成18）年4月より施行されました。

この法律では高齢者を65歳以上と定めています。高齢者虐待の種類は、①高齢者の身体に外傷が生じ、または生じるおそれのある暴行を加える身体的虐待、②高齢者を衰弱させるような著しい減食または長時間の放置その他の高齢者を養護すべき職務上の義務を著しく怠る介護放棄（ネグレクト）、③高齢者に対する著しい暴言または著しく拒絶的な対応その他の高齢者に著しい心理的外傷を与える言動を行う心理的虐待、④高齢者にわいせつな行為をすることまたは高齢者をしてわいせつな行為をさせる性的虐待、⑤高齢者の財産を不当に処分することその他当該高齢者から不当に財産上の利益を得る経済的虐待の5つに分けられます。身体的虐待とネグレクトや、身体的虐待と心理的虐待など、1つのケースに複数の種類が重なり合って起こりやすい傾向にあることが特徴です。

（2） 養介護施設従事者等による高齢者虐待

高齢者虐待には、高齢者を世話している家族や親族、同居人等の「養護者による高齢者虐待」と、養介護施設や養介護事業で業務する「養介護施設従事者等による高齢者虐待」があります。近年「養介護施設従事者等による高齢者虐待」の件数が増加しており、2016（平成28）年に厚生労働省がまとめた結果によると、2015（平成27）年には通報・相談件数が1640件、虐待判断件数が408件だったのに対して、2016（平成28）年は通報・相談件数が1723件、虐待判断件数が452件で、増加率も10.8%となっており、10年前と比べると約8倍に増えています。件数としては養護者によるものが多いですが、養介護施設従事者等によるものが増加を続けていることも問題となっています。背景には、職員の教育・知識・介護技術に関する問題や、ストレス、倫理観の欠如、慢性的な人手不足が理由となっています。このことから、従事者の特性を踏まえた人材育成や職場環境の構築が必要であり、従事者が「働きやすい」職場づくりに努めることが大切だと言えます。

（3） 身体拘束の種類ともたらす弊害、身体拘束の条件について

身体的拘束は、広い意味での高齢者虐待にあたり、人権擁護の観点から問題があるだけでなく、高齢者の身体機能を低下させ、人間としての尊厳を侵すなど、高齢者のQOL（生活の質）を根本から損なう危険性があります。具体的な行為として、①徘徊しないように車いすやいす、ベッドに体幹や四肢をひも等で縛る、②転落しないようにベッドに体幹や四肢をひも等で縛る、③自分で降りられないように、ベッド柵（サイドレール）で囲む、④点滴、経管栄養等のチューブを抜かないように、四肢をひも等で縛る、⑤点滴、経管栄養等のチューブを抜かないように、または皮膚をかきむしらないように、手指の機能を制限するミトン型の手袋をつける、⑥車いすやいすからずり落ちたり、立ち上がったりしないように、Y字型拘束帯や腰ベルト、車いすテーブルをつける、⑦立ち上がる能力のある人の立ち上がりを妨げるようないすを使用する、⑧脱衣や

おむつはずしを制限するために、介護衣（つなぎ服）を着せる、⑨他人への迷惑行為を防ぐために、ベッドなどに体幹や四肢をひも等で縛る、⑩行動を落ち着かせるために、向精神薬を過剰に服用させる、⑪自分の意志で開けることのできない居室等に隔離するが挙げられます。また、①身体的拘束を行うことで、関節の拘縮や筋力の低下、褥《じょく》瘡《そう》の発生などの身体的弊害、②尊厳の侵害や認知症の進行、家族の精神的ダメージなどの精神的弊害、③職員の士気低下や社会的不信、医療的処置の増加などの社会的弊害が生じます。

（吉田　真浩）

記　事

認知症、意思決定を支援

厚労省指針　家族ら関わり方解説

認知症があっても本人が日常生活や医療・介護に関する意思決定をできるよう、厚生労働省が家族や専門職ら向けに支援方法のガイドライン（指針）をつくった。認知症の人は判断能力が失われていると思われがちだが、説明の仕方などを工夫して可能な限り意思を読み取り、尊重することが重要としている。

指針は、厚労省の委託事業で中京大の稲葉一人法科大学院教授らの研究チームが策定。医療・介護職、自治体職員のほか、家族や地域住民らの関わり方を解説している。

具体的には①家族や専門職らがチームとなって、症状が軽い段階から繰り返し意思決定を支援②口頭だけでなく文字や図表を使って複数の選択肢を示すなど、話の伝え方を工夫する③専門職や行政職員は話し合った内容を記録④他人に害を与えたり本人の生活に重大な影響が生じたりしない限り、意思を尊重する―といった内容。

事例に基づいた支援の方法も紹介した。アパートの部屋からごみがあふれていた1人暮らしの70代男性のケースでは、支援機関の職員が徐々に信頼関係を構築。「生ごみは臭くなるから捨てていいかな」と本人が納得しやすい話し方をして、男性が言葉で意思表示できないときは身ぶりや表情で読み取った。部屋は片付き、男性も落ち着いたとしている。

指針は次のサイトから見られる。https://www.chukyo－u.ac.jp/research_2/news/2018/04/012670.html

出典：2018年5月15日山陽新聞朝刊（共同通信配信）

1. 認知症の人の日常生活・社会生活における意思決定支援ガイドラインについて調べてみましょう。

2. 地域包括ケアシステムについて調べてみましょう。

3. 認知症ケアの新しい技法について調べてみましょう。

4. この記事を読んだ感想についてまとめてみましょう。

5．解　説

（1） 認知症の人の日常生活・社会生活における意思決定支援ガイドラインについて

認知症の人の日常生活・社会生活における意思決定支援ガイドラインは、厚生労働省が2018（平成30）年6月に策定した日常生活や社会生活等において認知症の人の意思が適切に反映された生活が送れるよう、認知症の人の意思決定に関わる人が、認知症の人の意思をできるかぎり丁寧にくみ取るために、認知症の人の意思決定を支援する標準的なプロセスや留意点を記載したものです。本人の意思の尊重、本人の意思決定能力への配慮、チームによる早期からの継続的支援を基本的原則とし、事例などを用いて具体的な支援方法を解説しています。

（2） 地域包括ケアシステムについて

地域包括ケアシステムは、団塊の世代が75歳以上となる2025年を目途に、重度な要介護状態となっても住み慣れた地域で自分らしい暮らしを人生の最後まで続けることができるよう、住まい・医療・介護・予防・生活支援が一体的に提供されるようにするものです。今後、認知症高齢者の増加が見込まれることから、認知症高齢者の地域での生活を支えるためにも、地域包括ケアシステムの構築が重要とされています。

地域包括ケアシステムは、保険者である市町村や都道府県が、地域の自主性や主体性に基づき、地域の特性に応じて作り上げていくことが必要です。このシステムの構築には、行政サービスだけでなく、NPOやボランティア、民間企業等の多様なインフォーマルなサービスによる手厚い支援体制を構築することが求められますが、同時に、高齢者の社会参加をより一層推進することを通じて、元気な高齢者が生活支援の担い手として活躍するなど、高齢者が社会的役割をもつことで、生きがいや介護予防にもつなげる取組が重要です。

（3） 認知症に対する新しいケア技法について

認知症の研究や理解が深まる中で、認知症の方への新しい関わり方や支援方法が注目されています。①パーソンセンタードケアは、認知症をもつ人を一人の「人」として尊重し、その人らしさを中心に考え、その人の視点や立場に立って理解し、ケアを行おうとする考え方です。認知症の人たちの能力を引き出し、自ら創造的な活動ができるように促すこと、さらには、認知症の人が周囲の人のために何かをしよう、してあげようという気持ち、そして自分が尊重されているという気持ちを高め伸ばすことが目的です。②バリデーションとは、アメリカのソーシャルワーカーが提唱した、認知症の方の行動には「意味がある」として捉え、なぜその行動をするのかをその方の歩んできた人生に照らして考えたり、共に行動したりし、「共感して接すること」に重点を置いたコミュニケーション療法です。③ユマニチュードは、知覚・感情・言語による包括的コミュニケーションにもとづいたフランス発祥のケアの技法で、「見る」「話す」「触れる」「立つ」を4つの柱に据え、ケアを通じて愛情を伝える実践的技術です。

参考文献

社会福祉法人 東北福祉会 認知症介護研究・研修仙台センター『施設・事業所における高齢者虐待防止学習テキスト』2009年

厚生労働省「身体拘束ゼロへの手引き」2000年

厚生労働省「認知症の人の日常生活・社会生活における意思決定支援ガイドライン」2018年

スー・ベンソン『介護職のための実践パーソンセンタードケア』筒井書房　2007 年
本田美和子『ユマニチュード入門』医学書院　2014 年

（吉田　真浩）

第6章　自立に向けた介護

記　事

日本国憲法の施行から71年。この間、社会は大きく変わった。人それぞれの価値観も多様となった。国会では憲法改正を目指す勢力が衆参共に、発議に必要な3分の2を占め、2018年は憲法改正論議が政局の焦点になる。果たして憲法は時代に合わなくなったのか。改正を認めるかどうかは、主権者の国民の判断だ。岐路に立つ憲法の価値を、県内の事例から考える。

日常に見る憲法　徳島の現場から

①

障害と生きる

自立し得られた自由

「誰にも遠慮せず、何でも自分で決められる自由がうれしい」

全身の筋肉が徐々に萎縮する難病「筋ジストロフィー」と闘う内田由佳さん(35)＝徳島市八万町＝は、2015年に徳島県内で初めて、障害者総合支援法に基づく24時間体制の自立支援制度「重度訪問介護」の認定を受け、16年3月に1人暮らしを始めた。

筋ジストロフィーは筋力低下により、全面的に日常生活動作に介助が必要になる。内田さんは生まれつき、この病気を患う。小松島市のひのみね支援学校小学部に入学したころ、車椅子を使い始め、8歳のとき、立ち上がれなくなった。目にしたカルテに筋ジストロフィーと書かれていた。

「もともと障害はあったけど、そのうち治るんだろう」と思っていた。しかし、身の回りのことが次第にできなくなる状況に不安を感じ、街や学校の図書館で辞書を片手に、本を読みあさった。呼吸障害や発達障害などが起きることもあり、合併症で亡くなる人もいると書かれていた。

少女の心に、家族への申し訳なさとこれ以上困らせたくないという思いが募った。病気の特徴を知ってしまったことを悟られれば、余計に気を遣わせてしまう、と考え、本で調べたことは周囲に話さなかった。

同年代と好きなアイドルの話もしたい。バスにも乗りたい。自分でお金を下ろしたい。障害があっても社会と関わって生きていきたいとの思いから、香川県の四国学院大へ進学した。福祉を専攻し、自立して暮らす障害者の存在を知った。

呼吸器を着けないと苦しくなるなど、症状が悪化し、大学院への進学を断念。卒業後は美馬市の実家に戻った。家にいるだけの日々が8年間続いた。症状が進行していく毎日に、自分はあと何年生きられるのか。親の負担も大きい。そう感じ、30歳のときに実家を出るなら今しかないと行動を起こした。

相談支援員や医者からは「無理だ」「徳島では前例がない」と一蹴されたが、内田さんは諦めなかった。

1人暮らしを実現するには24時間の介護が欠かせない。重度訪問介護の認定を受けるため、行政との交渉に当たってもらう弁護士団の結成を働き掛けるなど、一つ一つステップを上がり、14年1月、美馬市に初めて相談した。1人暮らしの目的や必要なサービスの調査など、細かなやり取りを20回以上繰り返した。そして15年2月、認定にこぎ着けた。

1人暮らしを始めてからの2年間を「いろんな人と出会い、世界が何倍も広がった」と振り返る。一方で、自立は無理だと諦めている人も多く、17年春、県内になかった自立支援センターを徳島市に設立した。1人暮らし後、やりたかったことの一つだ。これまでに10人からの相談に応じた。教育現場でも本年度、3回講演した。

障害があっても、自立して生きたいと思い続けた。差別や偏見、介護を家族に依存する冷淡な行政など、さまざまな困難を乗り越え、今の生活を手に入れた。個人の尊重や幸福の追求をうたう憲法13条の精神が、内田さんの歩みには刻まれている。（政経部取材班）

13条

すべて国民は、個人として尊重される。生命、自由及び幸福追求に対する国民の権利については、公共の福祉に反しない限り、立法その他の国政の上で、最大の尊重を必要とする。

介助を受けて、ドラッグストアで買い物をする内田さん＝徳島市

出典：2018年1月30日徳島新聞朝刊

1．言葉を調べてみましょう。

（1）「日本国憲法」第 25 条とはどのようなものか調べてみましょう。

（2） 自立とはどのような意味があるか調べてみましょう。

（3） 自立生活運動（IL）運動とは何か調べてみましょう。

（4）「障害者総合支援法」とは何か調べてみましょう。

（5）エンパワメントとはどのような意味があるか調べてみましょう。

2. この記事を読んで「自分らしく生きる」とは何か感想を書いてみましょう。

3. 解　説

（1）「日本国憲法」第 25 条

「日本国憲法」第 25 条は、生存権の保障に基づく人間が自分らしく生きる権利であり、国の社会的使命として「1. すべて国民は、健康で文化的な最低限度の生活を営む権利を有する。2. 国は、すべての生活部面について、社会福祉、社会保障及び公衆衛生の向上及び増進に努めなければならない。」と定めています。「日本国憲法」第 13 条の国民の幸福追求権の保障をより明確化したものと言えます。

（2） 自立と自律

自立とは、「他の援助や支配を受けず、自分の力で判断し生活を行うこと」[1)]を指します。一方、自律は、「外部からの支配や制御から脱して、自分自身で立てた規範に従って行動すること」[1)]を言います。自らの判断で主体的に生きる事、その行動において自己責任で決定し、自分の人生や生活を送ることを意味します。

何かしらの要因により自らの生活や人生を維持できない場合は、本人の価値や意思を尊重し、必要な援助を行うことを自立支援と言います。自立支援とは、身体的・精神的支援だけに限らず、対象者がその人らしい人生を送れるように、本人の意思や尊厳を尊重し支援することが重要です。

（3） 自立生活運動（Independent Living：IL 運動）

自立生活運動（IL 運動）は、1962（昭和 37）年にアメリカのカリフォルニア大学バークレー校に入学した重度身体障害者であるエドワード・ロバーツ（Edward Roberts）の生活保障が始まりとされています。その後 1970 年代に入り、カリフォルニア州の重度障害がある当事者学生たちが中心となり、障害者自らが自立した社会生活を営むために必要な支援とは何かを考え、自立生活運動（IL 運動）として展開していきました。

それまでの障害者の自立と言えば、制約の多い施設生活のなかでリハビリテーションを中心とし、医療モデルに基づいた日常生活動作（ADL）の自立が重視と捉えられていました。しかし、この運動の登場により障害の有無にかかわらず、他の人たちと何ら変わらない生活を自分の意思に従って生きること、障害者自らの自己決定こそが自立であるとする自立生活モデルが形成されました。「重度の障害があっても自分の人生は、自立して生きる」という考え方が、その後の障害者支援の歴史の転換となったと言えるでしょう。

（4） 障害者総合支援法

「障害者総合支援法」は「地域社会における共生の実現に向けて新たな障害保健福祉施策を講ずるための関係法律の整備に関する法律」により「障害者自立支援法」が改題され 2013（平成 25）年 4 月施行されました。

この法律により「障害者自立支援法」は「障害者の日常生活及び社会生活を総合的に支援するための法律（障害者総合支援法）」に改正されました。本法は障害のある人を対象に、必要と認められた福祉サービスや福祉用具の給付や支援を受けることができることを定めています。

この改正により、制度の谷間を埋めるために障害者の範囲に難病を加えたほか、「障害程度区分」は障害の多様な特性に応じて必要とされる標準的な支援の度合いを総合的に示す「障害支援区分」になりました。

障害者に対する支援として①重度訪問介護の対象拡大（重度の肢体不自由者等であって常時介護を要する障害者として厚生労働省令で定めるものとする）②共同生活介護（ケアホーム）の共同生活援助（グループホーム）への一元化③地域移行支援の対象拡大（地域における生活に移行するため重点的な支援を必要とする者であって厚生労働省令で定めるものを加える）④地域生活支援事業の追加（障害者に対する理解を深めるための研修や啓発を行う事業、意思疎通支援を行う者を養成する事業等）が行われ、サービス基盤の計画的整備として①障害福祉サービス等の提供体制の確保に係る目標に関する事項及び地域生活支援事業の実施に関する事項についての障害福祉計画の策定②基本指針・障害福祉計画に関する定期的な検証と見直しを法定化③市町村は障害福祉計画を作成するに当たって、障害者等のニーズ把握等を行うことを努力義務化④自立支援協議会の名称について、地域の実情に応じて定められるように弾力化するとともに、当事者や家族の参画を明確化することなどが行われました。

（5）エンパワメント

エンパワメントとは、ソロモン（Solomon, B.）が黒人を対象にした研究で、彼らはスティグマ（社会的な不利益や差別）により、世間から抑圧を受けたことによってパワーが欠如した状態、無力状態にあることに注目しました。このような無力状態へと陥るのは個人が持っている資質や能力だけが要因ではなく、否定的な評価が与えられた結果であるとし、こうした状態から失った力を引き出し、自らでパワーを取り戻すことをエンパワメントと称しました。このエンパワメントを引き出す支援過程をソーシャルワークでは、エンパワーメントアプローチと言います。

エンパワメントは、支援者が対象者に一方的にパワー与えるのではなく、その人個人が持つ能力を重視し、その力を引き出す関わり方が重要視されます。対象者自らが主体的に力を獲得し、問題に対処できるよう後押しできる支援が望まれます。

注

1）　新村出編者 著作権者代表 一般財団法人新村出記念財団『広辞苑』 第七版　岩波書店　2018年

参考文献

・厚生労働省ホームページ（障害者総合支援法）
（https://www.mhlw.go.jp/stf/seisakunitsuite/bunya/hukushi_kaigo/shougaishahukushi/sougoushien/index.html 閲覧日 2018.8.10）
・小川信子ほか『先端のバリアフリー環境カリフォルニアにみるまちづくり』中央法規出版　1996年

（中野ひとみ）

記 事

質向上と費用減 両得狙う

介護報酬改定

表層深層

「自立」強調 理念変節の声も

2018年度の介護報酬改定は、高齢者の自立支援や状態改善に取り組む事業者に報酬を手厚くするのが特徴だ。政府は生活の質向上と介護費用抑制の一挙両得をもくろむが、実効性には疑問の声も。狙い通りの効果が出るかは未知数だ。（1面関連）

「今日も良い天気ね。お風呂に入ってさっぱりしたわ」。群馬県藤岡市のAさん(52)は、歩行器を使いながらも足取りは軽やかだ。3年前に脊椎の難病を患って車いす生活となった。65歳未満だが介護保険が適用され、いったんは要介護3と認定された。

歩けるように

1年半前から、隣の高崎市の通所介護（デイサービス）事業所「日高デイトレセンター」に週3回通う。下半身強化の運動に励み、介助を受けながらの入浴、移動スーパーでの買い物など生活につながる訓練を重ね、歩けるようになった。要介護度は2に改善。「もっと行動範囲を広げたい」

同センターは情報通信技術（ICT）を使った「ICTリハ」を導入。状態が改善した人のリハビリ歴をデータで蓄積し、利用者の条件に応じてAI（人工知能）が最適なリハビリ計画を自動作成する。独自の調査では、ICTリハに取り組んだグループの維持・改善率は83・4%で、通常のリハビリをしたグループを14・3㌽上回った。

運営主体の「エムダブルエス日高」の北嶋史誉《ふみたか》社長は今回の改定を「事業者間の競争を生み、高齢者に良いサービスを提供できる」と歓迎する。

努力に報いる

「自立支援の取り組みが介護報酬で評価される仕組みを確立する」。改定の方向を決定付けたのは、昨年4月に開かれた政府の未来投資会議での安倍晋三首相の発言だ。

現在、高齢者が通常規模のデイサービスを7～9時間利用した場合、要介護1なら事業所が受け取る基本的な報酬は約6560円。最重度の要介護5では約1万1440円と1・7倍で、状態悪化は費用増に直結する。

介護保険の総費用は制度創設の00年度から増加の一途で、18年度は予算ベースで11兆円余り。政府は団塊世代が全員75歳以上になる25年度には約21兆円に達すると推計しており、要介護度の改善は費用抑制につながると見込む。

事業所の努力に報いる狙いもある。今の仕組みでは、質の高いサービスで高齢者の状態が改善すると事業所の収入は減る。これはおかしいとの指摘は長年の課題だった。福井県や岡山市など一部自治体は、成果を上げれば報酬を払う独自の仕組みを既に導入している。

イメージ先行

今回改定では、状態の改善に対する「成果型」の報酬加算が新設されるが、デイサービス事業所への支払いは1人当たりわずか月約30～60円。しかも要件は複雑だ。厚労省は「日常の動作が良くなる事業所としてPRできる効果も見込める」とするが、業界からは「新たなリハビリの準備に手間がかかって割に合わない」と不満が漏れる。

ニッセイ基礎研究所の三原岳《たかし》准主任研究員は「生活の質は数字で表せないし、評価基準も明確ではない。イメージ先行ではないか」と懸念する。

「介護保険の目的は自分の生活を自分で決められるように支援すること。治すことを目指す医療とは違う」と指摘。改定が自立支援やリハビリの強化を促したことについて「本来の介護保険の理念から変節したように見える」と問題提起した。

出典：2018年1月27日山陽新聞朝刊（共同通信配信）

1．言葉を調べましょう。

（１） 生活の質（quality of life）とは何か調べてみましょう。

（２） 自己選択・自己決定とはどのような意味があるのか調べてみましょう。

（３）「介護保険法」の目的（第１条）とはどのようなものか調べてみましょう。

（4） 65 歳未満の介護保険対象疾患にはどのようなものがあるか調べてみましょう。

（5） 介護報酬とはどのようなものか調べてみましょう。

2. この記事を読んだ感想を書いてみましょう。

3. 解　説

（1） 生活の質（quality of life：QOL）

QOL とは、一般的に「生活の質」という意味でよく使われます。その他にも「人生の質」「生命の質」などとも言われます。これには生きがいや人生の満足度などの意味も含まれています。その人が望む人生を自分らしく豊かに送れているかということになります。

介護の支援を行ううえで、病気や障害があっても本人が望む、その人らしい満足いく生活が営めるように QOL をどのように支えるかは重要な視点だと言えます。

（2） 自己選択・自己決定

私たちは日常生活を送るうえで多くの選択肢のなかから、自らの意思でいろいろなことを判断し決定していきます。洋服の選択や一日どのように過ごすかなど、普段の何気ない生活から人生の歩む道も、自らの判断で決定していきます。こうした自分らしく生きるための選択は当たり前の権利でもあり、自らの責任で人生や生活を選択、決定することを自己選択・自己決定といいます。このように自らの意思や判断で主体的に生活を送ることは、自立を考えるうえで大切な要素であると言えます。

しかし、自己決定が困難な対象者においては、介護者は相手に寄り添い、できる限り本人の意思や考えを尊重し、介護者主体ではなく本人主体の支援方法となるように心がける関わりが重要です。

（3）「介護保険法」の目的（第１条）

「この法律は、加齢に伴って生じる心身の変化に起因する疾病等により要介護状態となり、入浴、排せつ、食事等の介護、機能訓練並びに看護及び療養上の管理その他の医療を要する者等について、これらの者が尊厳を保持し、その有する能力に応じ自立した日常生活を営むことができるよう、必要な保健医療サービス及び福祉サービスに係る給付を行うため、国民の共同連帯の理念に基づき介護保険制度を設け、その行う保険給付等に関して必要な事項を定め、もって国民の保健医療の向上及び福祉の増進を図ることを目的とする。」（第１条）と定められています。

介護保険は、共同連帯の理念にあるように、高齢社会に向けて誰もが安心して暮らせる社会を目指し支援が必要な人たちを国民全体で支える制度です。さらに、サービスを利用する人の自立した生活を営めるように支援する「自立支援」を目的としています。

（4） 65 歳未満の介護保険対象疾患

介護保険は、65 歳以上（第１号被保険者）の人が利用できるほかに、40 ～ 64 歳の人（第２号被保険者）でも介護保険で対象となる病気が原因で「要介護認定」「要支援認定」を受けた場合には、介護サービス・介護予防サービスを利用することができます。要介護（要支援状態）が老化に起因する疾病 による場合に限定しています。

特定疾病（16 種類）は①末期がん（回復の見込みのないもの）②関節リウマチ③筋萎縮性側索硬化症④後縦靱帯骨化症⑤骨折を伴う骨粗鬆症⑥初老期認知症⑦進行性核上性麻痺、大脳皮質基底核変性症及びパーキンソン病（パーキンソン病関連疾患）⑧脊髄小脳変性症⑨脊柱管狭窄症⑩早老症⑪多系統萎縮症⑫糖尿病性神経障害・腎障害・網膜症⑬脳血管疾患⑭閉塞性動脈硬化症⑮慢性閉塞性肺疾患⑯両側の膝関節又は股関節に著しい変形を伴う変形性関節症です。

（5） 介護報酬

介護報酬は、介護サービス事業者や施設が利用者にサービスを提供した場合に、事業所に支払われる対価のことを言います。原則として介護報酬は1割が利用者負担で、9割は国民健康保険団体連合会経由で市町村に請求して支払いを受けます。

介護報酬は、各サービスの基本的なサービス提供に係る費用に加えて、各事業所のサービス提供体制や利用者の状況等に応じて加算・減算される仕組みとなっています。介護報酬は、1単位10円が基本ですが、地域ごとの人件費の地域差を調整するため、地域区分を設定し地域別・人件費割合別（サービス別）に1単位当たりの単価を割増ししています。介護報酬は厚生労働大臣が社会保障審議会の意見を聞いて3年ごとに見直すことになっています。

2018（平成30）年度介護報酬の改定では、「地域包括ケアシステムの推進」「自立支援・重度化防止に資する質の高い介護サービスの実現」「多様な人材の確保と生産性の向上」「介護サービスの適正化・重点化を通じた制度の安定性・持続可能性の確保」の4つが基本となっています。この改定では、医療と介護の役割分担と連携、高齢者の自立支援、要介護状態の軽減が重要視され、リハビリテーションや口腔・栄養管理等、それぞれの専門職との連携や介護予防、さらに利用者の自立を促す取り組みが施設には求められています。

これらは、高齢者の自立支援・重度化の防止に向けた取り組みであり、どこに住んでいても適切な医療や介護を受けることができる体制を整備するための強化であると言えます。高齢者の「その人らしく生きる」ことを支えることが自立支援であることは忘れてはいけない視点であると言えます。

参考文献

・厚生労働省ホームページ（特定疾病選定基準の考え方）
（https://www.mhlw.go.jp/topics/kaigo/nintei/gaiyo3.html 閲覧日 2018.8.10）
・厚生労働省ホームページ（介護報酬）
（https://www.mhlw.go.jp/topics/kaigo/housyu/housyu.htm 閲覧日 2018.8.10）

（中野ひとみ）

第7章 介護を必要とする人の理解

記　事

テレビ東京系列ドキュメンタリー

ＴＳＣ「輝け命」大賞

がんと闘う女性書家追う

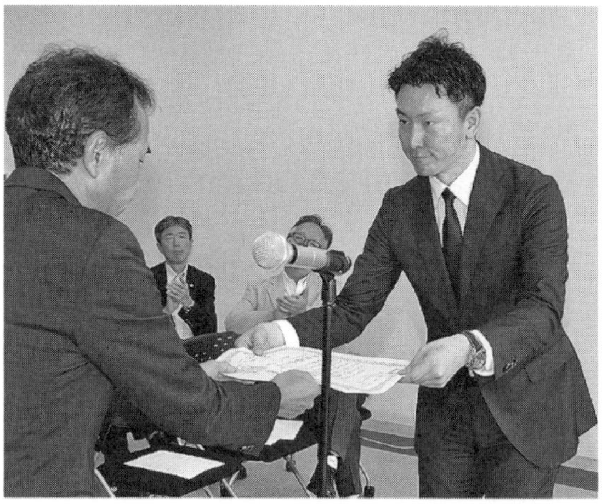

大賞の表彰状を受け取る増田記者（右）

テレビせとうち（ＴＳＣ、岡山市北区柳町）が制作し、昨年12月に放送した番組「輝け命～余命1カ月、パリを目指す～」が、「2017年度ＴＸＮドキュメンタリー大賞」に選ばれ、テレビ東京（東京都港区）で13日、表彰された。

番組は、末期がんで余命1カ月と宣告されながら書道パフォーマンスで命の重さを伝え続けた香川県宇多津町の書家・三木仁美さん（昨年9月死去）に密着。昨夏のパリでのジャパンエキスポで娘と共に演じる様子など、命の限りに駆け抜けた姿や家族との交流を描いた。

表彰式では、ディレクターを務めた増田健一郎記者(34)がテレビ東京の長田隆編成局長から賞状を受け取り「三木さんが取らせてくれた賞。思いを引き継ぐ娘さんの活動も追い、生きることの素晴らしさを伝えたい」と語った。

同大賞はテレビ東京系列6局が対象で、ＴＳＣの受賞は9年ぶり3度目。「取材対象者の強烈な思いが伝わり、命の意味を考えさせられた」と評価された。ＴＳＣは受賞を記念し、7月16日午前9時55分から再放送する。（松原悠）

出典：2018年6月14日山陽新聞朝刊

1．課題に取り組みましょう。

（1） 緩和ケアと緩和医療の違いについて調べてみましょう。

（2） 延命措置にはどのようなものがあるのか調べてみましょう。

（3） 安楽死と尊厳死の違いについて調べてみましょう。

（4）キューブラー・ロスの「死の受容過程」について調べてみましょう。

2．記事を読んだ感想を書きましょう。

3. 解　説

西洋医学の進歩は多くの病気の治癒を可能にし、その殿堂としての病院も大きな信頼をかちえてきました。しかし病院の機能はあくまで一時的なもので、家庭復帰が目的のはずです。多くの人が病院で亡くなるという現在の状況は、自然だと言えるでしょうか。一方で家族は死の瞬間に立ち会わなくなったために、死が身近に感じられなくなってきました。しかし人は死ぬのです。

厚生労働省の「人口動態統計」によれば、1951（昭和26）年に自宅で亡くなった人の割合が約80%、医療機関は約10%となっています。それが2010（平成22）年には自宅が約10%、医療機関は約80%と逆転しています。1975（昭和50）年頃が、両方のカーブの交差する時期になっています。一方で「最後をどこで迎えたいか」という質問には自宅が約50%、病院は約34%、老人ホームなどが約7%となっています。そこからは個人の要望に十分応えきれず、不満でも多くの人が病院で亡くなっている現状が見えてきます。

積極的な治療が望めなくなった場合、病院にすべてをゆだねることは本人や家族にとって、本当に満足感を得られているのでしょうか。「医療があっても、生活がない」とは、病院の実態を表した言葉です。そこで患者本人の生活を取り戻すために、さまざまな取り組みがなされてきています。施設ホスピスや在宅ホスピスに見られる緩和ケアがその実践です。

心肺蘇生や経管栄養や経口摂取や胃ろう等の延命治療を考える時、命が尽きるまで治療をやめないという医療の使命は理解できても、患者本人や家族の気持ちはどうでしょうか。安楽死は違法ですから認められないにしても、尊厳死についてはもっと議論されるべきでしょう。

最近は老人施設やグループホームや宅老所で行われる看取り介護や、自宅での看取りも少しずつ行われるようになってきました。もちろん病院での処遇に比べて、医療面での不十分さは否めません。しかしその不十分さを補って余りある「生活の質」があるのではないでしょうか。本人を中心にして家族や友人たちやなじみの職員の介護を受けることは、病院では決して得られない生活内容です。しかもその介護を通じて、家族や地域の支えあいの力が強くなります。

福祉国家（公助）を謳っているわが国ですが、最近は自己責任（自助）ばかりが強調され、大いに違和感を覚えます。自助と公助と共にあり、最も大切にされなければいけない共助・互助の現状はどうでしょうか。具体的に言えば、家族や地域の支えあいの力です。核家族や単身世帯や高齢者世帯の増加は、その機能を大きく弱体化させています。個人生活の重視は、かえって地域における助け合いの精神を弱めています。施設や自宅での看取りはこういった現状の欠陥を補い、再生させる役割を果たしているとも言えます。

医師・山崎章郎さん（東京）の「ケアタウン小平クリニック」や二ノ坂保喜さん（福岡）の「にのさかクリニック」の取り組みは、在宅ホスピスの先進性と本人および家族や地域の潜在能力を見事に引き出しています。

障害や年齢にとらわれないで利用できる富山方式と呼ばれる「デイケアハウスにぎやか（富山）」「特別養護老人ホーム・清水坂あじさい荘（東京）」「特別養護老人ホーム・いっぷく（新潟）」「第2宅老所・よりあい（福岡）」「介護老人保健施設・鶴舞乃城（静岡）」等の取り組みは、施設ホスピスの長所をいかんなく発揮している実例です。

施設での看取り介護には、病院のような機能は期待できなくとも、本人と家族や職員との触れ合いがあります。在宅の看取り介護では、訪問医療・看護を適宜利用して、本人と家族との密接なつながりが維持強化されます。

より良いと思われる看取り介護が行われにくいのはなぜでしょうか。一つには「生きてさえいればいい」という家族の切実な願いと、「最後まで治療を諦めない」という医療者の使命があると思われます。「入院させておけば安心」といった家族の気持ちもあるでしょう。しかし忘れてはならないことは、患者本人の気持ちです。一時的な利用のはずが、そこで終焉を迎えてはなりません。

ホスピスの思想は「市民とともに死を見つめて生きる」とあります。病院ホスピスだけに頼らないで、施設ホスピスや在宅ホスピスの充実が求められている由縁です。WHO（世界保健機関）の「生命を脅かす疾患」は、がんやエイズだけではありません。認知症や慢性疾患等も含まれています。

末期患者へのインタビューにより『死ぬ瞬間』を著したキューブラー・ロスは、患者の最後の気持ちをこう書いています。「鎮痛剤よりもワインの一杯を、輸血の代わりに自家製スープの数滴を」と。

（竹内　公昭）

記　事

認知症当事者が相談聞き役に

26日 笠岡で「おれんじドア」

笠岡市と同市認知症介護研修センターは26日、認知症の本人が相談に応じる県内では初の認知症相談「おれんじドア　笠岡こばなし」を同市笠岡の笠岡諸島交流センターで開く。当事者でないと分からない悩みや不安をきめ細かくフォローし、認知症になっても希望を持って社会参加できるようにする狙い。本年度内に計４回開き、来年度以降も続けていく。（阿部光希）

県内初 経験基に助言

おれんじドアは39歳でアルツハイマー病と診断された仙台市の丹野智文さん(44)が「当事者が元気になれる支援を」と２０１５年に始め、名古屋市などでも開かれている。

笠岡市は26日を皮切りに９月29日、12月中旬、３月中旬に開催予定。相談の聞き役は、59歳で認知症と診断されながらも各地で講演するなど自立した生活を送る竹内裕《ゆたか》さん(68)＝広島市＝と笠岡市在住の50代男性。９月は丹野さんが加わり、認知症とうまく付き合いながら自動車販売会社で今も仕事をしている経験を基にアドバイスする。

認知症対策はこれまで介護する側の視点に偏りがちだったとされ、国は15年の認知症施策推進総合戦略（新オレンジプラン）で当事者の視点を重視した啓発や生きがい支援などの必要性を掲げている。

同研修センターの宮本憲男副センター長は「認知症の人は介護する側が先回りするあまり『できない人』にされてきた面もあるが、仙台では相談に来た人が刺激を受けて後に相談の受け手に回っている。笠岡でも本人が自信を持ち、社会とのつながりを取り戻す場にしたい」と話している。

場所はＪＲ笠岡駅から徒歩約７分の笠岡港の一角で午前10時～午後2時開催。予約不要。問い合わせは、きのこ老人保健施設（０８６５(63)０７００）。

出典：2018年6月9日山陽新聞朝刊

1．課題に取り組みましょう。

（1） ノーマライゼーションとはどういう社会を目指しているのでしょうか。

（2） 認知症と診断された方の著作を読んで感想を書いてみましょう。

（3） 三好春樹さんが提唱する「関係障害」と「生活障害」について調べてみましょう。

（4） 食事、排泄、入浴において本人に有効な方法と、そうでないものを調べてみましょう。

2. 記事を読んだ感想を書きましょう。

3. 解　説

高齢化の進展と共に認知症状の出現も増加しています。一般的に認知症は脳の病気だと考えられてきました。しかし三好春樹さん（生活とリハビリ研究所代表）らは、老化に伴う過程だと捉えて有効な実践を積み重ねてきました。もちろんアルツハイマー型認知症の一部や、レビー小体型認知症は原因が特定できていません。脳の神経細胞の変性や脱落によって、日常生活が極めて困難になっていき、有効な支援方法も未だ見つかっていないようです。しかし病気であろうとなかろうと、適切な支援がなされれば生活上問題は起きないはずです。

症状が進んでくると、「私は誰」「ここはどこ」といった状態になるようです。もっとも「まだらぼけ」といった状態があり、時間や場所や相手によって症状の出方が違ってきます。「食事を摂ったかどうかが分からなくなれば認知症」で「食事の内容を思い出せないのは単なる老化」だと言われますが、本当にそうでしょうか。筆者も用件を思いついて２階に上がり、１階に降りてきてから、「何で２階に上がったのかな」と不思議に思うことがあります。しかし自分でも世間の人も、認知症だとは思っていません。

大切なことは認知症だと特定することではなく、症状を抱えた人とどう関わっていくかではないでしょうか。「問題行動の原因は生活の中にある」と主張する三好さんたちの実践は、大いに参考にすべきものです。もう一つの脳血管型認知症では、生活習慣を見直し適切な支援を継続すれば、症状が回復する場合も見られるようです。すべての認知症状が改善されないわけではないのです。

注意すべきことは、脳の萎縮が見られても症状の出ない人がおり、萎縮がなくとも症状の出る人がいるという事実です。認知症状の人は何も分からなくて、何もできない人ではないのです。その行動を否定的に捉え、本人のためと強弁して行動を抑制すべきではありません。肯定的に捉えられる深い理解と、適切な対応が求められる由縁です。

自ら認知症状を自覚していらっしゃる佐藤雅彦さんは、その著書『認知症の私からあなたへ』の中で次のように書かれています。「私たちは何も分からないわけではないし、何もできないわけでもない。私たちは社会からと、自分自身に対してと二重の偏見にさらされている。この二重の偏見が自己肯定感を奪って、自信を失わせているのです。今の自分にできること以上のしたいことがあるので、その部分を支援して欲しい。支援してもらうだけよりも、一緒に取り組んでもらえると嬉しい。認知症状になっても暮らせる社会は、誰にとっても暮らしやすい社会のはずだ」と。この佐藤さんの意見をどう考えますか。

三好春樹さんは、認知症状の人には生活障害と関係障害という考え方が成り立つと述べています。支援の方法を間違えるから生活障害が起こり、人間関係の乏しさから関係障害が発生するというものです。

生活障害とは、生活主体としての本人の立場を崩してはならないということです。介護の三大要素として食事の摂取、排泄、入浴があげられます。食事は口から摂るもので、排泄はトイレで自力でするものです。入浴は機械浴と呼ばれているものではなく、普通の浴槽で十分可能だと述べられています。

これらの支援を続けることによって、生活主体としての自分に自信が持て、症状の進行を食い止めることが可能になります。何よりも大切なことは、本人の自己肯定感を失わせないことです。栄養状態さえ維持すればとか、とにかく排泄しなければとか、清潔でさえあればよいとかの方法では症状の悪化につながります。

関係障害とは、多様な人間関係を断ち切ってはならないというものです。家族や社会との関係を絶ったひきこもり状態は、誰にとっても良いはずがありません。在宅で暮らしていても、老人施設で生活していても、家族はもちろんのこと、地域の人たちとのつながりが重要です。以前は法的にも認められていた老人病院や現在の精神科病院の閉鎖性を考えれば、人間関係を断ち切ることの弊害の大きさが理解できるというものです。

問題行動とか異常行動とか呼ばれているものについても、考え方を変えた方がよさそうです。問題行動と考えているのは支援者の側で、本人にはそれなりの意味が隠されているからです。それらの行動は、あってはならないものではなく、本人からのメッセージだと受け取るべきだと説明されます。行動の意味を知ろうと努め、まずは受け止めるところから出発すべきだと説明されています。これからも高齢化は進み、認知症状の人も増加します。病院や高齢者施設だけに丸投げしないで、本人主体の方法で支援していきたいものです。

（竹内　公昭）

第8章　介護サービス

記　事

要介護高齢者1.22倍770万人

25年度、財源や人手課題

岡山1.16倍

65歳以上のうち介護が必要になる人が、7年後の2025年度には全国で現在より約141万人増え、1・22倍の約770万人と推計されることが、47都道府県の介護保険事業支援計画を基にした共同通信の集計で20日、分かった。（3面に関連記事）

25年は団塊の世代が全員75歳以上になり、社会保障費の大幅増が予想されることから「2025年問題」と呼ばれる。介護保険も要介護者数の増加で費用が膨らみ、財源確保策が課題となるほか、サービスの整備や担い手不足への対策が求められそうだ。

介護の必要度は、最も軽い要支援1から最重度の要介護5まで7段階に分かれる。要介護認定を受けた人は17年12月現在では約629万人。

25年度にかけて要介護者が最も急激に増えるのは、千葉県で1・37倍。神奈川県の1・35倍、埼玉県の1・34倍と続く。増加幅が小さいのは和歌山、島根両県の1・05倍、山形県の1・07倍など。岡山県は1・16倍、広島県1・13倍、香川県1・15倍だった。

高齢者人口に占める要介護者数の割合（要介護認定率）は、全国平均で17年12月の18・1%から25年度には21・3%に上昇する見通し。最も高くなるのは大阪府で25・9%。次いで京都府が23・9%、愛媛県23・5%などだった。最も低いのは山梨県の17・2%で、茨城県17・9%、静岡県18・3%と続いた。岡山県は23・2%、広島県21・4%、香川県22・1%だった。

厚生労働省の3年前の集計では、25年度の要介護者数は約826万人と推計されており、今回は約56万人減った。17年の要介護者も3年前の推計値に比べ、既に約39万人少なくなっている。介護予防の取り組みが進んだことや、高齢者の健康意識の高まりなどが作用したとみられる。

厚労省は自治体や介護サービス事業所の自立支援の取り組みを促しており、要介護者数の増加や重度化をさらに抑えたい考えだ。

要介護高齢者数の推計

	2025年度推計（人）	17年比（倍）
岡山	13万2443	1.16
広島	17万4515	1.13
香川	6万6252	1.15
全国	770万0484	1.22

ズーム

要介護認定　介護保険サービスの利用希望者にどの程度の介護が必要かを心身の状態や生活状況から市区町村が評価する。介護の必要がないとされる非該当（自立）を除き、要介護度は軽い順から要支援1、2と要介護1～5の7段階で、要介護度に応じてサービス内容や1カ月の利用限度額が決まる。利用限度額は要支援1が5万30円、要介護5が36万650円などで、いずれも利用者負担は1～2割。特別養護老人ホームへの新規入所は原則、要介護3以上に限定されている。

出典：2018年5月21日山陽新聞朝刊（共同通信配信）

1．介護報酬の地域区分について調べてみましょう。

2．要介護高齢者の増加背景について調べてみましょう。

3. 団塊の世代について調べてみましょう。

4. 自分たちの地域の要介護高齢者数を調べてみましょう。

5. 解　説

（1） 介護保険料

第1号被保険者（65歳以上の方）は、年金からの天引きや保険者に直接納付するなどの方法で決められた金額の保険料を納める必要があります。第2号被保険者（40歳から64歳までの医療保険加入者）は、国民健康保険料や職場の健康保険料などと一緒に納付することとなります。保険料は第1号被保険者も第2号被保険者も所得等に応じて決められています。

（2） 介護報酬

介護報酬とは、介護サービス事業者が要介護または要支援者にサービスを提供した場合に、その対価として事業者に対して支払われる報酬のことをいいます。原則として1割が利用者の負担となり、残りの9割は介護保険と公費から支払われます。負担割合については本人の収入などに応じて1から3割の負担となっており、介護サービス事業者は交付された負担割合証を確認して請求を行う必要があります。

介護報酬は、人件費・物件費等を勘案していますが、地域ごとの人件費の地域差を調整するため、地域区分を設定し地域別・人件費割合別（サービス別）に1単位当たりの単価を割増ししています。

（3） 高齢化の要因

高齢化の要因は大きく分けて、年齢階級別の死亡率の低下による65歳以上人口の増加、少子化の進行による若年人口の減少の2つといわれています。

高齢者の増加に伴い、死亡者数の実数は増加傾向にあると言われていますが、高齢者の死亡率を男女別年齢別にみても、ほとんどの年齢層において死亡率が低下しています。

合計特殊出生率においては、第1次ベビーブーム以降急速に低下し、1956（昭和31）年に2.22となった後、1975（昭和50）年に1.91と2.00を下回ると、1993（平成5）年に1.46と1.50を下回り、現在も低下傾向は続いています。

（4） 団塊の世代

戦後の第1次ベビーブームの時期に生まれた世代の方々のことを指します。1947（昭和22）年から1949（昭和24）年頃に出生し、昭和の高度経済成長期を支え、平成の不況も経験した世代の方々でもあります。高度経済成長を支える労働者、または消費者として、戦後の日本発展に大きな影響を及ぼしてきた世代と言われています。

日本の戦後の出生状況の推移をみると、出生数は、第1次ベビーブーム（1947（昭和22）～1949（昭和24）年）の合計で805万7,054人となっています。

（5） 高齢者人口の推移

65歳以上の高齢者数は2025年には3,657万人となり、2042年には3,878万人とピークを迎えると予測されています。また、75歳以上高齢者の全人口に占める割合は増加していき、2055年には25%を超える見込みとなっています。

要介護認定率の高くなる75歳以上人口は、介護保険創設の2000（平成12）年以降、急速に増加してきましたが、2025年までもさらに急速に増加すると予想されています。

参考文献・引用文献

社会保障審議会　介護給付費分科会「第 123 回　資料 5」2015 年
『平成 29 年版高齢社会白書』内閣府　2017 年
社会保障審議会　介護保険部会「第 55 回　資料 1」2016 年

（安田幸平）

記事

介護効果 データで検証

厚労省20年度 本格運用

自立支え費用抑制

厚生労働省はどのような介護サービスが高齢者の自立に効果があるのか、科学的に検証できる仕組みづくりに乗り出す。全国の施設、事業所から入所者のリハビリや健康に関する情報を集め、2020年度にデータベースの本格運用を開始。高齢者の状態を改善し、介護にかかる費用の抑制にもつなげたい考えだ。

介護保険制度に基づくサービスの総費用（保険料、税金、利用者負担の合計）は高齢化が進み17年度当初予算で10兆8千億円にまで膨らんだ。制度が始まった00年度の3倍で、国は費用の伸びを抑えるため自立支援と重度化防止に力を入れる。

高齢者が自立した生活を送れるように、独自の取り組みをしている施設は多い。しかし、どのようなケアやリハビリが効果があるのか明確な裏付けがないため、厚労省は18年度にデータベースの構築を始め、19年度に試行運用を目指す。

具体的には、全国の施設、事業所から高齢者の健康状態や認知機能、食事の摂取量、リハビリの内容など250以上の項目を収集。活動や意欲を測るため「デート・異性との交流」「歌を歌う・カラオケ」といった項目も盛り込む方針だ。

こうしたデータを分析し、例えば脳卒中で左脚がまひして3㍍しか自力で歩けない場合、どのような食事をしたり、訓練を受けたりすれば、つえを使って長い距離を歩けるようになるか、などを検証できるようにする。

効果が裏付けられたサービスは介護報酬に反映させて普及を後押しするほか、将来的には集めた情報を医療や健康の各種データベースと連携し、ビッグデータとして活用。新たな介護サービスの研究に生かし、医療や介護の効率化も図る。

この問題を議論してきた厚労省検討会座長の鳥羽研二・国立長寿医療研究センター理事長は「現在の介護サービスは狙った結果がどの程度得られたかなど、科学的な検証が十分ではない。データに基づいて研究を進め、成果を現場にフィードバックする必要がある」としている。

出典：2018年6月3日山陽新聞朝刊（共同通信配信）

1. 介護サービス費、要介護度別の利用限度額について調べてみましょう。

2. 介護給付サービスについて調べてみましょう。

3. 自立支援について考えてみましょう。

4. 解　説

（1） 区分支給限度額

要介護度別に区分支給限度基準額を設定し、一定の制約を設けるとともに、その範囲内でサービスの選択を可能とする仕組みとなっています。

限度額の水準は、要介護度ごとに認知症型・医療型などいくつかのタイプ（典型的ケース）を想定した上で、それぞれのタイプごとに設定された標準的に必要と考えられるサービスの組合せ利用例を勘案し設定しています。

居宅介護サービスおよび地域密着型サービスであっても、医師等の判断により行われる「居宅療養管理指導」や、利用期間中に他のサービスを組み合わせることがない「居住系サービス」（短期利用を除く）や「施設サービス（地域密着型介護老人福祉施設入所者生活介護）」については限度額は適用されません。

区分支給限度額については、消費税率が引き上げられたことに伴う影響分を引き上げた2014（平成26）年度改定時以外は、見直しは行われていません。

（2） 介護サービスの類型

介護サービスの類型として、要介護（日常的な介護が必要な要介護1から5の方）と認定された方が対象となるのが介護サービス、要支援（継続的な介護は必要でないものの何らかの支援を要し、介護状態にならないように維持が必要な方）と認定された方が対象となるのが介護予防サービスといえます。

居宅サービスにおいては、在宅にて生活しながら訪問型、通所型、短期入所型などのさまざまなサービスを必要に応じて組み合わせて利用できます。

介護施設については、介護老人福祉施設、介護老人保健施設、介護療養型医療施設（2023年度末に閉鎖予定）、介護医療院などがあります。

（3）「介護保険法」における「地域包括ケア」に係る理念規定の創設

「介護保険法」第5条第3項（2011（平成23）年6月改正、2012（平成24）年4月施行）は、「国及び地方公共団体は、被保険者が可能な限り、住み慣れた地域でその有する能力に応じ自立した日常生活を営むことができるよう、保険給付に係る保健医療サービス及び福祉サービスに関する施策、要介護状態等となることの予防又は要介護状態等の軽減若しくは悪化の防止のための施策並びに地域における自立した日常生活の支援のための施策を、医療及び居住に関する施策との有機的な連携を図りつつ包括的に推進するよう努めなければならない」と定めています。

（4）「自立」の概念について

「介護保険法」において、「自立」の概念については、介護等を要する者が、「尊厳を保持し、その有する能力に応じ自立した日常生活を営むことができるよう、必要な保健医療サービス及び福祉サービスに係る給付を行う」こと、介護保険の保険給付は、「要介護状態等の軽減又は悪化の防止に資するよう」行われなければならないこと、保険給付の内容および水準は、「被保険者が要介護状態となった場合においても、可能な限り、その居宅において、その有する能力に応じ自立した日常生活を営むことができるように配慮されなければならない」こととされています。

「自立」の概念については、どういった観点に着目するかによってさまざまな捉え方が考えられます。例えば、世界保健機関（WHO）の国際生活機能分類（ICF（International Classification of Functioning, Disability and Health））は、生活機能と障害を「心身機能・身体構造」と「活動・参加」に分類しており、高齢者リハビリテーションにおいては、この考え方に基づき、「自立」に向けたアプローチとして、生活機能や時間軸のそれぞれの段階に対し、上記の観点から異なるアプローチを行ってます。

参考文献・引用文献

社会保障審議会 — 介護給付費分科会「第145回　参考資料3」2017年
厚生労働省　老健局「平成25年6月13日　資料1」2013年
厚生労働省「平成28年度地域づくりによる介護予防推進支援事業　第1回都道府県介護予防担当者・アドバイザー合同会議　資料1」2016年

（安田幸平）

第9章　介護実践における連携

記　事

医療と介護 連携強化

サポーター養成、若年性も支援

県の健康長寿推進本部　認知症施策推進へ

県や市町村、保健医療団体などでつくる「健康長寿安心やまがた推進本部」（本部長・吉村美栄子知事）の会議が13日、県庁で開かれた。高齢化が進展する中、認知症施策を推進するため医療と介護分野の連携強化や、発症者を支えるサポーター養成に力を入れることを確認した。

認知症対策や健康づくり施策の方向性について考えた健康長寿安心やまがた推進本部会議　＝県庁

県長寿社会政策課によると、本県の65歳以上の認知症高齢者数は推計で２０１５年に５万９４２７人（対象人口の17・３％）だったが、団塊の世代が75歳以上になる25年には６万６７５２人（同18・６％）に増えることが予想されている。

県は県認知症施策推進行動計画に基づき、▽発症者や家族を見守る認知症サポーターの養成▽医療や介護従事者らへの対応力向上を目指した研修の開催▽気軽に相談できる交流拠点「認知症カフェ」の普及や、若年性認知症支援コーディネーターによる支援強化―などを掲げている。推進本部会議では認知症になっても、安心して暮らせる地域社会の実現を目指し、各施策を進めていくことを申し合わせた。

さらに本年度は、健康づくり施策として、健康増進やがん対策、歯科口腔（こうくう）保健対策に重点的に取り組む。今月４日に県庁内に開設した県口腔（こうくう）保健支援センターでは、歯と口の健康に関する総合的な窓口機能を担う。受動喫煙防止対策は公共性が高い施設のほか、飲食店や宿泊施設など不特定多数が利用する施設に対して実施を働き掛け、家庭や職場での喫煙マナー向上を図っていく。

この日は約１００人が出席。県健康づくり推進課、長寿社会政策課の担当者が各施策を紹介した。意見交換では、受動喫煙対策について「東京五輪が間もなく開催される。本県でも受動喫煙防止の体制整備をしっかりお願いしたい」との意見が出た。

出典：2018年6月14日山形新聞朝刊

1．言葉を調べてみましょう。

（1）「認知症」の症状により、日常生活にどのような影響があるか考えてみましょう。

（2）「認知症サポーター」とはどのようなものか調べてみましょう。

2．この記事を読んだ感想を書いてみましょう。

3. 解　説

（1） 認知症サポーター

厚生労働省施策関連事業の一つである認知症サポーターキャラバンは、認知症の人と家族への応援者である認知症サポーターを全国で多数養成し、認知症になっても安心して暮らせるまちを目指しています。

認知症サポーターとは、認知症に対する正しい知識と理解を持ち、地域で認知症の人やその家族に対してできる範囲で手助けをするサポーターのことです。認知症サポーターに期待されることは、①認知症に対して正しく理解し、偏見をもたない。②認知症の人や家族に対して温かい目で見守る。③近隣の認知症の人や家族に対して、自分なりにできる簡単なことから実践する。④地域でできることを探し、相互扶助・協力・連携、ネットワークをつくる。⑤まちづくりを担う地域のリーダーとして活躍する[1)]。

（2） 健康づくり対策

厚生労働省による第4次国民健康づくり対策（健康日本21（第2次））の今後の方向性については、次の5つの視点が重要とされています。①日本の特徴を踏まえ10年後を見据えた計画の策定。具体的には、日本における近年の社会経済変化とともに、急激な少子高齢化が進む中での10年後の人口動態を見据えた計画の策定を行い、その際、長期的計画のもとに、短期的な課題解決が可能な枠組みとするとされています。②目指す姿の明確化と目標達成へのインセンティブを与える仕組みづくり。具体的には、最終的に目指す姿から具体的な内容を位置づけていく構造に工夫し、その際、自治体や企業、医療保険者等関係機関の長が積極的に健康づくりを進めようとする目的意識や目標達成へのインセンティブとなる仕掛けを組み込むとされています。③自治体等関係機関が自ら進行管理できる目標の設定。具体的には、目標とされた指標に関する情報収集に現場が疲弊することなく、既存データの活用により、自治体等が自ら進行管理できる目標の設定や体制づくりを行うとされています。④国民運動に値する広報戦略の強化。具体的には、国民運動として推進するためには、民間企業等を巻き込んだ強力な広報戦略が必要であるとともに、健康に関する誤解を減らし、より理解しやすいメッセージとするため、広報戦略を強化するとされています。⑤新たな理念と発想の転換。具体的な例として、「病気や障害があっても一病息災で相当に生きられるアプローチ」や、「個人の健康設計における『こうすべき型』から『こうありたい型』への転換」[2)] などがあげられています。

注

1） 特定非営利活動法人地域ケア政策ネットワーク「認知症サポーター」http://jichitai-unit.ne.jp/network/（アクセス日：2018年8月29日）

2） 厚生科学審議会地域保健健康増進栄養部会、次期国民健康づくり運動プラン策定専門委員会「健康日本21（第2次）の推進に関する参考資料」2012年

（藤田　了）

記　事

高齢者 地域で支えるには

「包括ケア」京で全国大会

高齢者が住み慣れた地域で療養生活を送ってもらう「地域包括ケア」推進へ、医療や介護、福祉の多職種連携を考えようと、医師と歯科医師、薬剤師でつくる「全国在宅医療医歯薬連合会」が5月下旬、京都市左京区の国立京都国際会館で全国大会を開いた。介護職や栄養士らも参加した大会では、京滋の医師が、全国有数の医療密集地と医療機関が一つしかない過疎地という対照的な事例を紹介しながら、在宅医療の現状や地域包括ケアの事例を紹介した。　（鈴木雅人）

医療や介護、福祉の多職種連携について京滋の現場から紹介する医師ら（京都市左京区・国立京都国際会館）

医療密集地　京都市　総合病院と開業医の連携模索

過疎地　南山城村　「顔の見える関係」へ診察密に

京都市は人口10万人あたりの医師数が政令指定都市トップ（2016年厚生労働省調査）で、下京西部医師会の下京区、南区エリアは15病院、126診療所が集まる。藤田祝子副会長は、医療密集地ならではの二つの「垣根」を課題に挙げ、取り組みを紹介した。

医療間の垣根としては、大規模病院を核に在宅支援部門も持つ医療機関は地域包括ケアがグループ内で完結してしまうため、グループ外の開業医らにはケアの中身が見えず、「患者を診る上で不安がある」と問題提起した。その上で、病院の総合内科と地域の開業医がつながる場として、2カ月ごとの勉強会を4年間続けているとした。複数の医療機関を受診する患者の病歴や採血データ、内服薬の情報をインターネット上で共有する仕組みを導入したことも紹介した。

医療と介護、福祉の垣根については、各分野の関係者が介護保険制度の開始前から交流を重ね、「顔の見える関係づくり」を目指してきた。ただ、患者の退院後の支援を検討する会議に医師の出席が少ないなど、「まだ垣根は低くない」と指摘。「医師が『聞きに来てくれたら』という姿勢ではなく、もっと現場に行くべき」と訴え、多職種連携に医師からの歩み寄りが必要とした。

南山城村の高齢化率は45%、高齢者に占める要介護認定者は22%と、ともに全国平均を大きく上回る。村内唯一の医療機関となる診療所を運営する相楽医師会の竹澤健理事は、「過疎地はサービスが行き渡りにくいと思われがちだが、『顔の見える関係』を大切に患者中心の地域包括ケアを実践している」と強調した。

週4日、地区の集会所を使った出張診察と、歩いて行けない人には自宅を訪問して診療する。2週間で一巡し、出張診察は50人、訪問診療は70人を診る。介護事業所はわずか3カ所だが「医療・介護スタッフが少人数な分、連携はしっかりしている。いち早く状態を把握する上で目を配り合う住民間のつながりも生きる」とした。

診療では「死」について話すよう心掛けているとして、「死の話をタブーにすべきではない」と訴えた。相楽医師会の調査では、どこで死にたいかや延命治療を望むかどうかについて、在宅療養患者の大半が明確な考えを持つにもかかわらず、家族と話し合った人は少なかったという。「家族と共有しないと希望通りにはなりにくい。医師として患者が口に出しやすい雰囲気づくりも大事」とした。

先進地　東近江市など　多職種で月１、症例意見交換

地域包括ケアの先進地として、東近江市など2市2町の東近江医療圏で活動するNPO法人「三方よし研究会」の小串輝男代表理事が事例発表した。「医師一人に頼る医療は終わった。医療・介護をはじめとした多職種が共同し、患者に切れ目なく寄り添うことが大切」と呼び掛けた。

月1回、症例について車座での意見交換を2007年から行っている。参加する職種は医師や看護師、歯科医師、保健師、薬剤師、理学療法士、ケアマネジャーら多岐にわたる。ここで築いた関係が、例えばリハビリ計画をつくり終えて患者の退院を待つといった好循環につながっていると説明した。

「地域全体を一つの医療機関」ととらえているという。病状に応じて介護やかかりつけ医などが役割分担することで、患者を病院だけに集中させず、医療体制を守ることにもなる。小串氏は「年をとっても認知症やがんになっても、地域で安心して住み続けられることを目指して地域包括ケアを進めれば、それがまちづくりにもなる」とした。

出典：2018年6月19日京都新聞朝刊

1．福祉・医療現場における「顔の見える関係づくり」とはどういうことなのか考えてみましょう。

2．「ケアマネジャー」とはどんな職種なのか調べてみましょう。

3. 医療および介護の総合的な確保の意義を考えてみましょう。

4. 解　説

（1） 介護保険法から見る連携

「介護保険法」の第１章総則第１条では、「この法律は、加齢に伴って生ずる心身の変化に起因する疾病等により要介護状態となり、入浴、排せつ、食事等の介護、機能訓練並びに看護及び療養上の管理その他の医療を要する者等について、これらの者が尊厳を保持し、その者の有する能力に応じ自立した日常生活を営むことができるよう、必要な保健医療サービス及び福祉サービスに係る給付を行うため、国民の共同連帯の理念に基づき介護保険制度を設け、その行う保険給付等に関して必要な事項を定め、もって国民の保健医療の向上及び福祉の増進を図ることを目的とする」とされています。

また、第２条第３項では、「第１項の保険給付は、被保険者の心身の状況、その置かれている環境等に応じて、被保険者の選択に基づき、適切な保健医療サービス及び福祉サービスが、多様な事業者又は施設から、総合的かつ効率的に提供されるよう配慮して行われなければならない」とされており、利用者に関わる他の職種との連携が必須であることが読み取れます。

（2）介護支援専門員（ケアマネジャー）

保健・医療・福祉分野の資格に係る業務に従事した期間や相談援助業務経験が通算して５年以上かつ業務に従事した日数が900日以上の実務経験を有する者などの要件があります。その要件を満たした者が、介護支援専門員実務研修受講試験に合格し、さらに実務研修を修了し、都道府県へ登録することで介護支援専門員（ケアマネジャー）として業務に就くことができます。

保健・医療・福祉分野の指定された資格とは、医師、歯科医師、薬剤師、保健師、助産師、看護師、准看護師、理学療法士、作業療法士、社会福祉士、介護福祉士、視能訓練士、義肢装具士、歯科衛生士、言語聴覚士、あん摩マッサージ指圧師、はり師、きゅう師、柔道整復師、栄養士（栄養管理士を含む）、精神保健福祉士の各資格のことです。

「介護支援専門員倫理綱領」第10項「他の専門職との連携」において、「私たち介護支援専門員は、介護支援サービスを提供するにあたり、利用者の意向を尊重し、保健医療サービス及び福祉サービスその他関連するサービスとの有機的な連携を図るよう創意工夫を行い、当該介護支援サービスを総合的に提供します」[1)] とあります。また、同「倫理綱領」第11項「地域包括ケアの推進」においては、「私たち介護支援専門員は、利用者が地域社会の一員として地域での暮らしができるよう支援し、利用者の生活課題が地域において解決できるよう、他の専門職及び地域住民との協働を行い、よって地域包括ケアを推進します」[2)] とされており、利用者に関わるさまざまな専門領域と連携をしていくことの重要さが読み取れます。

（3） 医療および介護の総合的な確保の意義

急速に少子高齢化が進む中、わが国では、2025年にいわゆる「団塊の世代」がすべて75歳以上となる超高齢社会を迎えます。こうした中で、国民一人ひとりが、医療や介護が必要な状態となっても、できる限り住み慣れた地域で安心して生活を継続し、その地域で人生の最期を迎えることができる環境を整備していくことは喫緊の課題です。

医療および介護の提供体制については、サービスを利用する国民の視点に立って、ニーズに見合ったサービスが切れ目なく、かつ効率的に提供されているかどうかという視点から再点検していく必要があります。また、高齢化が急速に進む都市部や人口が減少する過疎地等といった、それぞれの地域の高齢化の実状に応じて、安心して暮らせる住まいの確保や自立を支える生活支援、疾病予防（医療保険者が行う「高齢者の医療の確保に関する法律」第 18 条第 1 項に規定する特定健康診査等の保健事業を含みます）、介護予防等との連携も必要です[3]。

注

1） 一般社団法人介護支援専門員協会「介護支援専門員倫理綱領」第 10 項

2） 前掲 1）第 11 項

3） 厚生労働省「地域における医療及び介護を総合的に確保するための基本的な方針（総合確保方針）の一部改正について」https://www.mhlw.go.jp/stf/shingi2/0000146721.html（アクセス日：2018 年 8 月 29 日）

（藤田　了）

第10章　介護従事者の倫理

記　事

社説

悩む家族の孤立防がねば

障害者の監禁

障害者が親によって長期間監禁される痛ましい事件が、またも明るみに出た。

兵庫県三田市で、精神疾患のある40代の長男を、自宅のプレハブに置いた畳1畳分程度の広さのおりに閉じ込めたとして、監禁の疑いで70代の父親が先日、逮捕された。

監禁は25年に及んだ可能性があり、長男は視力が低下し、目がほとんど見えない状態だった。父親は、長男の行動で近所から何度も苦情があり、迷惑になると考えたと市の調査に話した。

昨年末には、大阪府寝屋川市で、自宅内の広さ2畳ほどのプレハブ部屋に10年以上、監禁された統合失調症の30代の女性が凍死したばかりである。保護責任者遺棄致死などの罪で起訴された50代の両親は「暴れるため監禁した」と供述している。

障害のある子どもの監禁は断じて許されないことだ。一方で、自治体などの支援はなぜ届かなかったのか、しっかりした検証が必要である。

三田市の男性は障害者手帳を持っているが、市の福祉サービスを受けたことはなく、寝屋川市の女性は手帳の申請もなかったという。

食事や排せつなど日常生活に不自由さがありながら、手帳を持たず、福祉サービスを受けていない人は決して少なくない。他の自治体も無関心ではいられない課題だ。

厚生労働省が今月まとめた調査によると、こうした潜在的な障害者は２０１６年12月時点で推計１３７万８千人に上るとされた。５５９万人余の手帳所持者と比べても見過ごせない数である。

制度そのものや取得手続きが分からないことが原因とみられている。サービス利用の申請に応じる市町村などが啓発に努め、相談しやすい環境をつくることが大切だ。

三田市の事件では、発覚後の自治体の対応も疑問視されている。事件は父親が今年１月、妻の介護について福祉関係者に相談したことをきっかけに分かった。

訪問した市職員が長男を発見したものの、医師の診察を受けさせるまでに４日かかり、県警への通報は１カ月後とさらに遅れた。

市は、すぐに保護しなかったことについて「生命や身体に重大な危険がないと判断した」と説明しているが、判断が適切だったかを検証する方針も示した。

今月施行の改正社会福祉法は、市町村に対し、暮らしの困り事を包括的に支援する体制をつくるよう求めている。地域の多様な問題を住民と公的な機関が一緒になって解決する「地域共生社会」を目指したもので、貧困や高齢者の孤立が想定されようが、障害者についても言える。

障害者の家族の中には偏見を恐れて問題を抱え込むケースもあるとされる。民生委員ら住民や福祉団体などと広く協力し、孤立を防ぎ、必要な支援につなぐ取り組みが求められる。

2018.4.21

出典：2018 年 4 月 21 日山陽新聞朝刊

1．言葉を調べてみましょう。

（1） やむ負えない場合の身体拘束の条件について調べましょう。

（2） 法的には身体拘束をどのように捉えているか考えてみましょう。

（3） 利用者本人の利益になると介護者側の思いが優先しないためにはどうすればよいのか考えてみましょう。

（4） 人はとがめられることを恐れますが過失とはどのようなものなのか調べてみましょう。

（5） 職業倫理について自分の考えを書いてみましょう。

2. この記事を読んでの感想を書きましょう。

3. 解　説

（1） 監禁とは法的にどのように解釈されているのでしょうか

「監禁」いわゆる身体拘束について考えます。

看護・介護の現場において場合によっては身体拘束を行わざるを得ない状況になることがありますが、果たしてその判断は正しかったのか再度考察する必要があります。

〈身体拘束を行う条件として3つの要件をすべて満たすことが必要〉

・切迫性 利用者本人または他の利用者等の生命または身体が危険にさらされる可能性が著しく高いこと

・非代替性 身体拘束その他の行動制限を行う以外に代替する介護方法がないこと

・一時性 身体拘束その他の行動制限が一時的なものであること

と考えられていますが果たして法的にはどのような解釈になっているのでしょうか。

人を拘束する行為は原則違法です（刑法220条にて禁止されています）。

違法ではないためには、違法性阻却事由が必要です。

違法性阻却事由とは正当行為であるかが問われ、法令行為または社会的正当行為である必要があります。または緊急行為であるかが問われ、正当防衛または緊急避難である必要があります。

決して「縛らなければ安全を確保できない」「医師からの指示があれば拘束していい」「高齢者の家族の同意により許容される」「スタッフの人数不足」等では違法性阻却事由とは認められません。

3つの要件を満たし本人、家族に書面で確認することが必要です。

（2） 他人に迷惑がかかるからという理由で、本人の意向を無視した対応を行わないためには何が必要か考えます

私たち介護従事者は「医療倫理の4原則」を理解する必要があります。

・人格（自立）の尊厳

・善行

・無危害

・正義・公平

しかし、原理原則だけを適応するのは、過度に一般的解決に傾斜することになりやすくなります。またこれらの間のジレンマ･対立（例:本人の気持ちを尊重すると“人格の尊厳”本人にとってよい治療の妨げになる“善行”）をどのように調整するかにあります。このような原則だけでは、解決できない問題があります。

その事象を検討するために症例検討シートがあります（図1）。

事象を4つのカテゴリーに分けて考え何が重要なのか、何が足らないのか、何が原因で困っているのかを視覚的に整理する手法を使うことでその事象を客観的に考えることができ、関係者全員に共通認識を持つことができます。それを踏まえて判断し行動を決定できます。

（3） 「生命や身体に重大な危険がなければ介入しない」はよく聞くフレーズですがなぜこのような判断がなされやすいのか考えてみます

行政の職員や私たち介護従事者は自分の過失を恐れています。

何か自分の判断で行うことで過失を問われかねないということを危惧することがあることは事

この症例に関するすべての情報や問題点をあげ、以下の4項目のどれかに割り振ってみる。全体が見えたところで何が対立しているのか、何を優先するのか考える。

医学的適応（恩恵無害） 1. 診断と予後 2. 治療目的の確認 3. 医学の効用とリスク 4. 無益性（Futility）患者に対し無益な事 〈現在は無い〉	患者の選好（Autonomy） 1. 患者の判断能力 2. インフォームドコンセント 3. 治療拒否 4. 事前の意思表示 5. 代理決定
QOL（人生の充実度） 1. 定義と評価 （心理、社会、身体。魂） 偏見の可能性 誰がどのように決定するか 2. 影響を与える因子	周囲の状況（誠実と公正） 1. 家族や利害関係者 2. 守秘義務 3. 経済 4. 施設方針 5. 教育 6. 法律、宗教 7. その他（情報開示）

【岡山県認知症臨床倫理研究会　第2回 2015.10.31　p.17 スライド33】

図1　症例検討シート

実です。

では、その過失について考えてみましょう。

医療における（個人）責任

1）責任の形式による分類

帰責という考え方 — 過失責任主義

過失は4つに分けることができます。

① 行政的な責任・処分（免許停止・取り消し）

② 刑事的な責任（刑罰）

③ 民事的な責任（損害賠償）

④ 組織内責任「就業規則」（懲戒）

これらの4つは別々のものと考えられています。

2）法的責任の構造について（刑事・民事責任共通）

過失は2つに分けることができます。

① 結果予見義務（予見可能性）：利用者情報を把握したうえで、介護者の専門知識を踏まえた当該行為との関連での「利用者のリスク評価」

② 結果回避義務（回避可能性）：介護者の「利用者リスク評価」に応じた検討・実施行為

このように過失は「予見できたのか」そして「回避できたのか」この2つが問われるので正しく過失を理解し適切な対応が望まれます。

（4） 障害者の権利に関する条約

障害者・高齢者認知症の人の意思決定支援の方策が必要となりこの条約に則って2017（平成29）年3月31日に「障害福祉サービス等の提供に係る意思決定支援ガイドライン」が策定されました。

「障害者の権利に関する条約」の第12条を確認しておいて下さい。

https://www.mofa.go.jp/mofaj/fp/hr_ha/page22_000899.html（外務省のホームページ）

（5） 認知症の人の日常生活・社会生活における意思決定支援ガイドライン

誰の意思決定支援のためのガイドラインなのでしょうか。

1）認知症の人（認知症と診断された場合にかぎらず、認知能力の低下が疑われ、「認知症の人」ないし「本人」をいう）を支援するガイドラインです。

2）特定の職種や特定の場面に限定されるのではなく、認知症の人の意思決定支援に関わるすべての人による意思決定支援を行う際のガイドラインです。

https://www.mhlw.go.jp/file/06-Seisakujouhou-12300000-Roukenkyoku/0000212396.pdf（厚生労働省のホームページ）。

介護従事者は意思決定支援に常に向き合うことになります。このガイドラインが基準になっていきますのでしっかりと理解する必要があります。

参考資料

岡山県認知症臨床倫理研究会　資料　講師　稲葉一人　第2回　2015.10.31　第8回　2017.10.1　第10回　2018.6.24

（城島　義隆）

記　事

ＳＯＭＰＯケアメッセージ　菊井徹也社長に聞く

虐待防止へ研修強化

系列の高齢者施設で昨年、入所者への虐待などが発覚した介護大手のＳＯＭＰＯケアメッセージ（旧メッセージ、岡山市南区西市）。今年3月、損保ジャパン日本興亜ホールディングス（ＨＤ、東京）の傘下に入り、経営立て直しへ再スタートを切った。6月29日付でトップに就いた菊井徹也社長(48)に再発防止策や今後の戦略を聞いた。（水野雅文）

—昨年9月の虐待問題の発覚から1年近くたった。再発防止策にどう取り組んでいるのか。

「亡くなった方、虐待を受けた方、ご家族に改めて深くおわびを申し上げる。再発防止策では職員研修を強化しており、介護の知識だけでなく、利用者や家族との対話を大切にしている。職場内研修を通じて不適切な職員が見つかった場合は、再教育や配置転換を進める。昨年12月には本社内にリスク管理部を新設し、施設内で起きた事故を現場任せにせず、一元管理するよう改めた。職員の悩みや入居者の苦情にも対応しており、現場の負担軽減につなげる」

—２０１６年３月期決算では04年の上場以来初の減収となった。

「虐待問題で新規入居が減ったのが響いた。一時は発覚前の半分程度に落ち込んだが、今は約2割減まで回復している。完全に戻るにはあと2年ほどかかるとみている」

訪問介護事業を拡充

—損保ジャパン日本興亜ＨＤの傘下に入った効果をどう引き出すか。

「損保ジャパン日本興亜ＨＤはリスク管理のノウハウを持っており、グループ入りのメリットは大きい。これまでは介護現場に多くの権限と責任を与え、本社は必要最小限の機能と人員しか持たなかった。これからは同ＨＤの力を借り、各部署の役割を明確化するとともに、事故のリスク軽減に向けて業務を見直していく」

—主力の介護付き有料老人ホームとサービス付き高齢者向け住宅（サ高住）の展開は。

「有料老人ホームは年0～1件、サ高住は3件程度のペースで開設していく。ただ、施設数よりも入居率を重視したい。これまで行っていなかった折り込みチラシでの入居者募集など営業に力を入れている」

—東京都では昨年2月から、訪問介護サービス「在宅老人ホーム」を手掛けている。

「在宅介護はヘルパーが自宅を訪問したり、要介護者がデイサービスに通ったりする形が主流。夜間や週末は手薄になりがちで、家族の手助けが必要になる。当社のサービスは24時間体制で訪問介護や生活支援、食事の提供などを行っており、老人ホームと同等のケアを自宅で受けられ、家族の負担軽減にも貢献できる。現在は新宿、杉並、世田谷区の3区のみでサービスを行っているが、本年度中には12区に広げたい」

きくい・てつや　2002年、メッセージ入社。東日本統括本部長、執行役員介護事業部長、取締役執行役員などを経て16年6月から現職。神奈川大経済学部卒。鳥取県出身。

ＳＯＭＰＯケアメッセージ　１９９７年に「メッセージ」として設立。２００４年ジャスダック上場。16年3月に損保ジャパン日本興亜ＨＤの子会社となり、7月から現社名。有料老人ホームやサ高住を全国約３００カ所に持つ。連結売上高は７８７億９９００万円（16年3月期）で、グループのＳＯＭＰＯケアネクスト（旧ワタミの介護事業）と合わせると業界2位。資本金39億２５００万円、従業員約1万8千人（パート含む）。

ズーム　旧メッセージの虐待問題　昨年9月、子会社が運営する川崎市内の有料老人ホームで、入所者3人の転落死や職員による虐待が相次ぎ判明。大阪府豊中市、東京都三鷹市などの系列施設でも不適切な介護が明らかになった。転落死事件では、施設元職員が入所者3人に対する殺人罪で起訴された。

出典：2016 年 8 月 17 日山陽新聞朝刊

1．言葉を調べてみましょう。

（1） 問題が起きた時の改善策の手順について考えてみましょう。

（2） リスク管理について調べてみましょう。

（3） 不適切な介護について調べてみましょう。

（4） 不適切な介護がなされるのはなぜか考えてみましょう。

2. この記事を読んだ感想を書きましょう。

3. 解　説

（1） 再発防止策について

1） 現状の把握

改善するためにどうすれば良くなるのかと考えますが、最初にやるべきことは今回の結果はどのようにして起こったのか、どのようにすればこのような結果になるのか検証する必要があります。言い換えると「どうすればこのような結果を出すことができるのか」その方法を作ります。この方法を理解して初めて次の改善策に取り掛かります。ここをおろそかにしていると同じ轍を踏むことになりがちです。

そして、個人の責任追及と共に組織としてどのようなことが因果関係にあるのかを検証し組織としてどのような事象によって起こったのかを客観的に理解し組織全体の共通認識を持つことが大切です。

2） システム作り

次に改善策を講じていきますが、ここで注意しなければならないことはその人でないとできないようでは改善とは言い難く、誰がやっても同じ結果が得られるシステムを考える必要があります。そのためのツールや道具の開発またはルール決め、そしてそのルールを継続するためのシステムを考え開発し実行していくことが大切です。

（2） リスク管理

1） 倫理コンサルテーションの現状

皆さんの病院・事業所の臨床はどのレベルなのでしょうか。

① 「倫理問題に気づけない患者・利用者の人権について知らない」

② 「倫理問題に気づいてもどのように解決していくのかの方法を知らない」

③ 「職種を超えた医療介護従事者間や患者家族とどのように対話協議を進めればよいのか分からない」

④ 「たどり着いた方針を病院や施設、在宅で実施するための多くの困難がある」

ほとんどの病院、護施設は①、②の状況にあるのが現実です。

2） 倫理的問題の気づきと分析・協議方法

皆さんは日々直感で気づくことがあると思います。

直感の長所は直ちに決めなければならないときに役立ちます。経験に基づくもので、多くは正しい（と思われる）です。同じ経験を積んだ者の間では、直感を共有できます。

短所は異なる直感同士が対立する場合には決められません。場あたり的で、判断の一貫性を保てません。直感と、偏見や誤解の見分けがつきません。違うものとの間で、対話が成立しません。

ではどうやって共通認識をもってその直感を具現化するかその方法を考えます。

図２のように直感で立ち止まり、「主題化」して、「対話の中で理由を示す」必要があります。最後にその対処が「臨床的状況との対応」を考える必要があります。

（3） 不適切な介護

暴力やネグレクトは当然として、介護者に不適切である自覚がなく行う行動があります。

例えば頻尿で夜間熟睡できない利用者に対して水分を控えるように促すことで脱水症状を引き

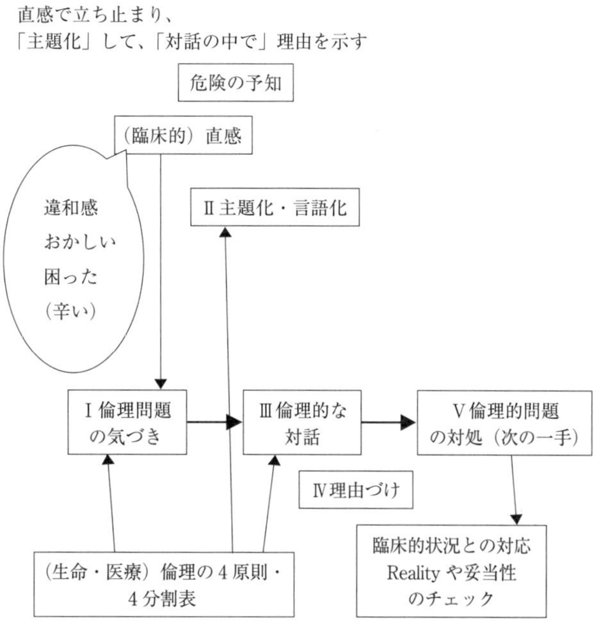

【岡山認知症臨床倫理研究会　第 8 回 2017.10.1　p.22 スライド 43】

図２　直感を共通認識にする思考プロセス

起こす原因になることもあります。脱水にまでならなくても利用者がのどの渇きを感じ我慢を強いられることもあります。また事業所で決めたルールに従わせようとして利用者に守ってもらうように強要することは必ずしも適切とは言えない場合もあります。そして特に気を付けなければいけないのが介護者が利用者を「このような人」と決めつけて関わることです。介護者が利用者の自己決定権を脅かすことが危惧されます。

（4） 介護者の心理

介護者は複数の職員とチームで利用者に関わっています。毎日決められた業務をこなさないと周りの職員に負担がかかってしまうと考えがちです。それゆえスムーズに業務が進まないと利用者に対して「困った人」「介護拒否」という考えを持ってしまうことがあります。

このような状態になったときは相談できる人にまずは相談し、一人で悩まないことが重要です。そして必ずしも個人の問題だけではない場合もあるので、事業所全体の問題として解決策を全員で考えていくことが必要です。

参考資料

岡山県認知症臨床倫理研究会　資料　講師　稲葉一人　第 2 回　2015.10.31　第 8 回　2017.10.1　第 10 回　2018.6.24

（城島　義隆）

第11章　介護における安全の確保とリスクマネジメント

記　事

介護事故「見える化」で防止

作業内容を図や写真でチェック

加古川のコンサル　製造業の管理術活用

介護現場で起こるミスや事故の防止に向け、製造業の品質管理手法を導入する取り組みが、神戸市西区の高齢者施設で進められている。加古川市のコンサルタント会社と、施設を運営する社会福祉法人が昨年から3年がかりで研修を実施。ベテラン介護職が意識せずに行っている作業を図や写真とともに「見える化」し、利用者のけが防止にもつなげる。　（広岡磨璃）

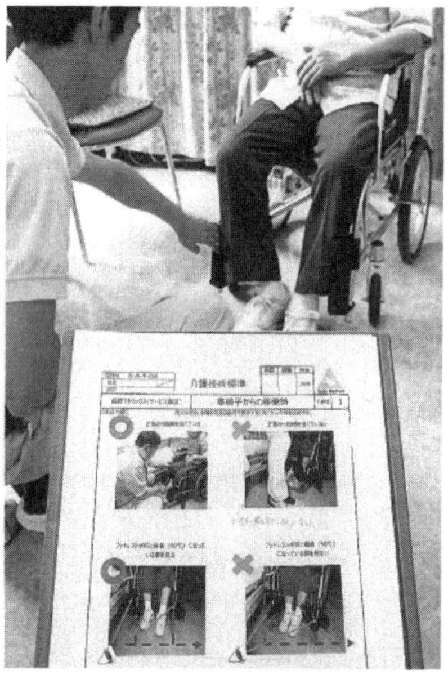

作業の留意点を図示したシート（手前）と、作業を行う職員＝神戸市西区櫨谷町長谷

遠藤友貴哉さん

給湯器大手ノーリツ（神戸市中央区）元品質保証部長の遠藤勇さんが2008年に創業したコンサル会社「遠藤メソッド」は、製造現場で、モノの出来栄えでなく人の作業に着目する管理手法を提唱する。延べ約100社とコンサルタント契約を結び、製品の不良率を低減させるなど実績を上げてきた。営業企画部長で長男の友貴哉《ゆきや》さん(39)は介護職の経験者。以前勤めていた大慈厚生事業会（神戸市西区）との共同研究として、3年間の研修を進める。

「見える化」に向けては、作業と目視確認の内容を、図や写真で端的に紙にまとめたシートを作成する。「介護技術標準」と呼び、教育や現場の作業管理、人事評価に活用する。

車いすから立つ利用者を手助けする作業では、転倒防止のため、車いすの足置き板を左右に上げたときの角度が「床と垂直か」どうかを「正面から」目視する―と留意点をシートに記載。作業を細分化して示すため、利用者が車いすから立つ一連の動きでシートは5、6枚分になるという。

「介護をシステム化するなんて」と当初、現場には戸惑いがあったが、友貴哉さんは「ミスが減れば時間のロスも減り、コミュニケーションを増やせる」と強調してきた。施設の高齢者部門統括者、坂本和恵さんは「意識せずに行ってきた作業を明示するのは大変だが、人材確保の観点からも、教育の在り方を見直していきたい」と話す。

社会福祉施設の労働災害

県内で増加傾向

兵庫労働局によると、県内の社会福祉施設で発生する労働災害件数は増加傾向にある。2012年の275件から13年は270件に微減したものの、14年は297件、15、16年はそれぞれ349件だった。移動中の無理な動作による腰痛や、入浴介護中の転倒が多く、死亡に至るケースは送迎中の交通事故がほとんどという。

同労働局は「建設業や製造業に比べ、介護の現場では事業者も労働者も安全に対する意識が低い傾向にあることが増加の要因ではないか」と指摘している。　（末永陽子）

出典：2017年9月9日神戸新聞夕刊

1．言葉を調べてみましょう。

（1）高齢者の住居（在宅）に潜む危険や事故についてどのようなものがあるか調べてみましょう。

（2）次に、介護施設に潜む危険や事故についてどのようなものがあるのか調べてみましょう。

（3）「リスクマネジメント」とはどうすることなのか調べて、自分の言葉で説明してみましょう。

（4） リスクマネジメントにおいて重要な「ヒヤリ・ハット」報告とは何ですか。また、生活の中で「ヒヤリ・ハット」したことを記してみましょう。

（5） 安全な生活を提供するためには、どんなことが必要だと思いますか。また自分でできる「リスクマネジメント」を考えてみましょう。

2. 記事を読んだ感想をまとめてみましょう。

3. 解　説

（1） 在宅におけるリスクについて

高齢者は、加齢や疾病等の影響による筋力、五感、バランス感覚、反射神経、嚥下機能などの身体的機能低下や、認知症等による記憶力、判断力、意欲などの精神的機能低下がみられ、思わぬ時に思わぬところで事故や危険にさらされます。『平成30年版高齢社会白書』によると、65歳以上高齢者の事故発生場所で最も多いのは住宅です（77.1%）。家庭内での事故発生場所は、「居室」が45.0%と最も多く、ついで「階段」18.7%、「台所・食堂」17.0%の順で多くなっています。事故の原因は、夜間トイレに行こうとしてのベッドからの転落・転倒や、階段や浴室での転倒、入浴時の熱傷、誤飲・誤嚥、脱水が多く、身の回りの生活用品での事故や、仏壇のろうそくやガスコンロの火が衣服に燃え移る着衣着火なども挙げられます。そして、打撲や骨折、熱傷、窒息、外傷等によって、入院や通院を要したり、死に至ったりすることもあります。

「不慮の事故」は、高齢者の死因の6番目に挙げられています。厚生労働省2015（平成27）年人口動態調査「家庭における主な不慮の事故の種類別にみた年齢別死亡数」によると、65歳以上を合計した総数1万1,817件のうち「溺死及び溺水」は4,743件、「窒息」は3,279件、「転倒・転落」は2,244件、「火災」は582件です。高齢になるにつれ事故のリスクが高くなり、事故が起きると重症化しやすく、今後の生活の質を確保するためにも、事故の予防が大切になります。

（2） 介護施設におけるリスクについて

介護施設においてもさまざまな危険や事故が潜んでいます。事故の発生には、①サービスの提供による利用者の怪我（打撲・骨折・誤嚥・外傷・熱傷等）または死亡事故 、②食中毒および感染症、③職員の法令違反・不祥事（身体拘束・虐待・秘密保持違反等）、④火災、水害、地震等災害があり、事故の原因は、利用者の要因によるもの、介護職員の要因によるもの、環境要因によるものに分類できます。介護施設における事故数等については、施設も多様化しており、全国的な統計は明らかになっていません。厚生労働省は2018（平成30）年9月から全国的な実態調査を実施し、施設でどのようなリスクが発生し、そのリスクにどのように対応しているのか把握し、事故を未然に防ぐための対策を検討していくとしています。

（3） リスクマネジメントについて

リスクマネジメントとは、一般的に危機管理のことを指します。介護現場では、①将来発生する不利益（事故）の可能性（リスク）を予測･評価して、事故のパターンを把握するように努め、事故を「予防」し､その回避を図ります。②それでも事故が発生した場合には､事故の損害を「最小化」し、事故に伴う二次的な影響を防止します。③さらに、事故のデータ（ヒヤリ・ハット、事故報告書など）を収集・分析して今後、再発しないよう「是正・改善」していきます。このような一連の活動を「リスクマネジメント」と言います。

介護保険制度においても、「指定介護老人福祉施設の人員、設備及び運営に関する基準」（第35条）によって事故発生の防止および発生時の対応が規定され、「事故発生防止のための指針の整備、事故発生の防止のための委員会及び従業者に対する研修を定期的に行うこと」とされています。また、事故発生時には、速やかに市町村、入居者の家族等に連絡を行うとともに、事故の状況や処置、経過などを記録することが義務づけられています。賠償すべき事故が発生した場合は、損害賠償を速やかに行うこと等も定められています。このようにリスクマネジメントは介護従業者の責務と言えるでしょう。

（4） 安全の確保と生活の質の向上

利用者の生活を支える介護サービスでは、リスクを回避し、利用者の安全を守るだけでなく、介護を必要とする人々の尊厳を保持し、自分らしい生活の実現が求められます。そのために、事故やヒヤリ・ハット事例の情報を共有し、有効に活用することにより、組織全体で安全やケアの質向上に努めなければなりません。職員一人ひとりが意識を高めることで、生活に潜在するリスクを発見し、事故を未然に防止する施設全体の対策へとつなげることができます。そして、記事にあるように、施設に応じた工夫をして事故防止対策に取り組む必要があります。

事故分析のひとつにハインリッヒの法則「1件の重大な事故の背景には29件の軽微な事故と、300件のヒヤリ・ハットの体験がある」があります。このように、事故の背景にあるものを分析し、「予防」「最小化」「是正・改善」を図っていくことが大切です。また、利用者の事故防止等リスク管理だけでなく、介護者においても、介護中の転倒や、送迎時の交通事故、腰痛、精神障害等の労働災害も増加傾向にあり、介護提供者の事故予防やリスク管理も求められています。メンタルヘルスを含む、安心・安全な介護の環境作りも利用者の安全な質の高い生活を支えるために重要になっています。

参考文献

「特別養護老人ホームにおける 介護事故予防ガイドライン」三菱総合研究所　2013年
https://www.mri.co.jp/project_related/hansen/uploadfiles/h24_05c.pdf
『平成30年版高齢社会白書』内閣府　2018年
http://www8.cao.go.jp/kourei/whitepaper/index-w.html（最終閲覧 2018.8.20）
「高齢者の住宅内の事故」健康長寿ネット
https://www.tyojyu.or.jp/net/kenkou-tyoju/koureisha-sumai/koreisha-jutakunaijiko.html（最終閲覧 2018.8.20）

（名定　慎也）

記　事

福祉施設の水害対策

あすへ備える

避難へ計画、訓練進む

昨年8月の台風10号による岩泉町のグループホームで入所者9人が亡くなった豪雨災害を受けて、県内の社会福祉施設で避難計画の作成や訓練の実施が進んでいる。今月には水害対策を強化し、避難計画の策定などを義務付ける改正水防法も施行。台風シーズンを控え、教訓を生かした洪水や土砂崩れなどへの備えの意識が求められる。

盛岡市繋の御所湖畔に位置する特別養護老人ホームA苑《えん》（ B 施設長）。同施設では、昨年10月に「土砂災害対応マニュアル」を作成。11月にはこれを基に、地域住民の協力を得て避難訓練を行った。

「岩泉の災害は衝撃だった。行政の支援を受けてすぐに計画を作成した」と語るB施設長。繋地区は2013年の県央部豪雨による土砂崩れで、温泉施設が営業停止に追い込まれるなど大きな被害が発生した。同施設は辛うじて被害は免れたが、敷地が土砂災害警戒区域に含まれており以前から危険を感じていた。

地域の避難場所は車で数分の距離にある繋小・中学校体育館だが、入所者90人、ショートステイ利用者10人の計100人を避難させるのは困難と判断。避難準備情報や避難勧告が出た際は、1階の利用者を建物の2階以上に避難させることに決め、マニュアルに盛り込んだ。状況に応じて全員を4階の展望ラウンジに避難させることも想定。非常時の連絡体制の整備のほか、水や食料の備蓄なども規定し対策を進めている。

11月には地元町内会や消防団の協力を得て訓練を実施。利用者に不安を与えないような誘導方法や、日替わりになるショートステイ利用者の名簿作成など新たな課題も見つかった。

B施設長は「マニュアルを作ったことで職員の防災意識が高まっている。今後も継続的に訓練を行うことで、素早い避難につなげたい」と語る。

改正水防法は、台風10号の被害をきっかけに、高齢者や障害者など要配慮者が利用する施設に対し、避難計画の策定や訓練を義務付けた。県保健福祉企画室によると、洪水浸水想定区域内に立地する527の社会福祉施設のうち、今年1月時点で非常災害対策計画を作成済みは367施設。160施設は「計画が不十分」または「未策定」だった。

同法では、21年までに100%の計画作成などを目標に据えるが、県は台風10号の教訓を踏まえ、前倒しするよう施設への働き掛けを強めている。

県保健福祉企画室のC企画課長は「今年の台風シーズンまでに計画策定が大きく進むようにする。計画も作って終わりでなく、訓練によって改善点に気付き、より良いものにすることが重要だ」と指摘する。

県は近く、市町村長が避難勧告などの発令を判断するための情報提供や助言を行う「風水害対策支援チーム」を設置し、首長に直接つながるホットラインを構築するなどして支援する方針。悲劇を二度と起こさないために、官民が連携して今夏の台風シーズンに備えたい。

出典：2017年6月13日岩手日報朝刊

1．言葉を調べてみましょう。

（1） 近年、自然災害が猛威を振るっています。今までにあった災害・被害の状況を調べてみましょう。

（2）「災害弱者」とはどのような人たちなのかを調べ、なぜ被害が大きくなるのかを考えてみましょう。

（3） 岩泉町のグループホームの事故について調べ、被害が大きくなった原因を考えてみましょう。

（4）「ハザードマップ」とはどのようなものか調べてみましょう。また、自分の住居地のハザードマップを調べて、どのような危険が潜んでいるか考えてみましょう。

（5）災害に対するリスクマネジメントとして必要なことはどのようなことですか。とくに、介護従事者として何が求められるでしょうか。

2. この記事を読んだ感想をまとめてみましょう。

3. 解　説

（1） 災害の被害について

近年、災害による被害の増加・拡大が大きな問題となっています。具体的には、地震、津波、火災、豪雨による水害や土砂災害などが挙げられます。とくに高齢者や障害者は、ひとたび災害が発生すると人命にかかわる被害を受けやすい状況にあります。

大きな被害にあった災害では、2011（平成23）年3月11日の東日本大震災が思い起こされます。岩手県、宮城県、福島県の3県の社会福祉施設の被害状況（厚生労働省：震災当時2011（平成23）年5月13日時点）は、「老人福祉施設」が326件、「児童福祉施設」が279件、「障害者福祉施設」が268件で、少なくとも計106施設が避難を余儀なくされました。被災による死亡者数は、『平成30年版高齢社会白書』によると、2018（平成30）年2月28日までに1万5,825人、年齢が判明している1万5,763人のうち60 歳以上の人は1万416 人と66.1％を占めています。また、東日本大震災における震災関連死者数（避難生活での体調の悪化や過労など間接的な原因で死亡）は、2017（平成29）年9月30日時点で3,647人、うち66歳以上が3,233人と全体の88.6％を占めています。このように、高齢者の被害が甚大であり、高齢者の安全をどう確保するかという課題が投げかけられました。

水害については、2016（平成28）年8月30日の台風10号による浸水で、岩手県のグループホームで入居者9人が亡くなりました。

火災については、2006（平成18）年1月、長崎県のグループホームで入居者7人、2009（平成21）年3月、群馬県の有料老人ホームで入居者10人、2011（平成23）年3月、北海道のグループホームで入居者7人が亡くなっています。また、これらの火災事故を受けて「消防法施行令」等の一部改正によって、2015（平成27）年4月から、グループホーム、有料老人ホーム等高齢者・障害者施設に対して、延べ面積にかかわらずスプリンクラーの設置が義務づけられました。

このように、要介護高齢者等が生活する介護施設の防災対策は重要であり、要介護者の安全な生活を継続していく支援が福祉サービス関係者には求められています。

（2） 災害弱者（要配慮者）とは

従前は、災害時、自力での避難が難しく避難行動に支援を要する障害者（肢体不自由者、知的障害者、内部障害者、視覚障害者、聴覚障害者）、傷病者、高齢者、妊婦、乳幼児、日本語が不自由な外国人などを「災害弱者」「災害時要援護者」と呼びました。2013（平成25）年6月「災害対策基本法の一部改正」により、「高齢者、障害者、乳幼児その他の災害時特に配慮を要する者」が「要配慮者」として法律上定義されました（「災害対策基本法」第8条第2項第15号）。

（3） 岩泉町のグループホームの被害拡大の要因について

災害ではさまざまな要因が重なって被害が拡大します。要配慮者の安全を守るためには、リスクマネジメントが重要です。今後の支援にいかすためにも、事故分析し改善方法の検証が必要になります。

岩泉町のグループホームで被害が拡大した要因としては、①町内全域に「避難準備情報」が発令されたが、「避難勧告」や「避難指示」は出されなかったこと、②高齢者などは、避難勧告や指示が発令される前の準備情報の段階で避難させることが求められますが、運営者サイドが、「避難準備情報」の意味を知らなかったこと、③火災発生を想定した避難訓練は、年２回実施していたが、水害を想定した避難訓練はしていなかったこと、④ホーム周辺は川に近く、過去にも水害があったが大事に至らなかった経験から、大きな被害は出ないという過信があったこと、⑤水害避難のためのマニュアルもなかったことなど、災害への危機意識の薄さが被害拡大を招いた可能性が指摘されています。

（4） ハザードマップとは

発生の予測される自然災害（洪水・内水氾濫・高潮・津波・土砂災害・火山噴火）について、被害の及ぶ範囲、被害の程度、さらに避難の経路や避難場所等を表した地図のことを言います（災害予測図）。地域によって起こりうる自然災害はさまざまで、地域に適した内容が盛り込まれることになっていますが、環境の変化や、予測のつかない災害も多く、整備が求められます。しかし、実際に自分の目や足を使って、警戒区域や避難経路を確認したり、災害時を想定した訓練などをしたりして有効に活用していくことが重要です。

（5） 災害に対するリスクマネジメント

高齢者施設では、寝たきり状態の入居者や認知症の方の避難誘導が大きな課題となります。そこで、専門職の防災対策等リスクマネジメントが大きな役割を担うことになります。通常の避難より時間がかかることを想定し、職員同士の連携や地域の方々と協力体制を取ることも必要になります。日頃から避難訓練を実施し、いつ起こるか分からない災害に備える準備が大切です。度重なる災害によって、防災意識は高まっていますが、実践的な対策はまだ不足しているのが現状でしょう。施設ごとのマニュアル整備や、避難行動を明確にしておくことはもちろん、職員一人ひとりが、当事者意識を持って災害に備えていくことが重要です。

参考文献

「介護×ナースコール」 http://heiwa-net.ne.jp/care-nursecall/（最終閲覧 2018.8.20）
内閣府「避難勧告等の判断・伝達マニュアル作成ガイドライン」（平成27年８月）
http://www.bousai.go.jp/oukyu/hinankankoku/guideline/pdf/150819_honbun.pdf（最終閲覧 2018.8.20）

（名定　慎也）

第12章　介護従事者の安全

記　事

社説

厳しい労働環境浮き彫り

介護職のうつ病

介護職場の厳しい労働環境が、あらためて浮き彫りになった。

仕事のストレスが原因でうつ病などの精神疾患を発症したとして、労災を申請した介護職員が２０１４年度、業種別トップの１４０人に上ったことが厚生労働省の集計で分かった。過去5年間で２・１倍に増えている。労災認定も3・2倍に増えて32人に上り、道路貨物運送業に次ぎ2番目に多い。

懸念されるのは高齢者ケアの質の低下だ。介護施設の職員による高齢者虐待は14年度、過去最多の３００件に上る。原因（複数回答）は職員のストレスや感情コントロールの問題が20%と、教育・知識・介護技術の問題（63%）に続き多い。ストレスの増大が状況を悪化させかねない。

介護の労災問題はこれまで、腰痛対策などを中心にしてきたが、メンタルヘルス（心の健康）の推進も求められ、見直しが迫られる。

加えて必要なのは、人材確保である。慢性的な人手不足で職場環境が悪化し、職員が疲弊して職を離れる悪循環を招いているとされるためだ。

労災を申請し審理中の横浜市の女性(49)は、所長を務めた都内の認知症グループホームで職員が足りず、労務管理や経理など所長業務の傍ら、夜勤をすることが常態になっていた。1カ月に9回入ることもあり、残業は１００時間を超えた。

夜勤の後も自宅に帰れないまま昼間の所長業務をこなし、38時間の連続勤務になることもあった。本社に欠員の補充を要請したが改善されなかったという。適切な労務管理に努める事業所も少なくないとはいえ、背景には介護人材の不足の問題があろう。

25年には団塊の世代が全て75歳以上となり、要介護認定を受ける人は15年の４５０万人から６０４万人に増えると見込まれる。政府推計によると、20年代初頭に介護の担い手は約25万人不足するとされ、職員の処遇改善が求められている。

介護職員の平均給与は月約22万円と全業種より10万円以上安い。政府は15年度から、賃金体系が整備された事業所を対象に介護職員の給与を月平均1万2千円加算する制度を新設した。今月まとめる1億総活躍プランでは、さらに職員給与を月1万円程度引き上げることを盛り込む。

だが、財源確保のめどは立っていない。仮に引き上げが実現しても、他業種に比べ賃金水準が低いことは変わりなく、人材が確保できるかは不透明といわざるを得ない。介護サービスの内容や国民負担の在り方を含めた制度の見直しは避けられないだろう。

併せて、子育てで仕事を離れた女性や、定年後も元気な高齢者の力を借りるため、フルタイムでなくても短時間勤務などで働きやすい環境を整えるべきだ。住民同士の支え合いを育てて、介護を補ってもらうことも考えたい。

2016.5.12

出典：2016年5月12日山陽新聞朝刊

1.「気分障害」である「うつ病」の類型を調べてみましょう。

2.「気分障害」と診断されている患者の推移を調べてみましょう。

3. 社説と今回調べた内容を踏まえて介護職の職場環境等はどうあるべきか考えてみましょう。

4. この記事を読んで考えたことや感想を書きましょう。

5. 解　説

（1）「気分障害」である「うつ病」の類型について

アメリカの精神医学会のDSM-Ⅳでは「気分障害」を「単極性うつ病」（以下、単極性）と「双極性うつ病」（以下、双極性）の２つに大別し、単極性の方が発現率は高い傾向にあるとされています。また、それぞれに特徴があり、単極性は抑うつ状態[1]を繰り返す病態で、双極性は抑うつ状態と躁状態を交互に繰り返し、一般的に「躁うつ病」と表現されることが多いです。単極性・双極性ともに朝方に抑うつ状態が強く、夕方に快方に向かう「日内変動」を特徴としています。また、現在ではDSM-Ⅳの改訂版であるDSM-Ⅴも発表されており、それによれば気分障害の分類はなくなり、「抑うつ症候群」と「双極性障害および関連障害群」に分類されています。

原因からみた分類方法としては、身体因性、内因性、心因性あるいは性格環境因性に分けられることもあります。身体因性はアルツハイマー型認知症のような脳の疾患等によるもの、内因性は典型的なうつ病で抑うつ気分が強度の場合を指します。心因性は性格と環境がうつ状態に強く関係している場合を指し、抑うつ神経症や反応性うつ病と表現されることもあります。

（2）「気分障害」と診断されている患者の推移について

厚生労働省は３年ごとに病院および診療所を利用する患者の傷病状況を調査する「患者調査」を実施しています。2014（平成26）年の報告における「気分障害」患者は入院・外来合わせて約112万人で、増加傾向にあります[2]。内訳としては、男性が41.8万人、女性は70.0万人と女性の方が約1.6倍高い発病率にあります。また、発病率を年齢区分でみると、65歳以上が約34％であるのに対して、生産年齢人口を含む15～64歳が約64％を占めていて、“働いている”年代の発病傾向が高いことがうかがえます。

（3）介護職の職場環境について

介護職が過重労働により心理的ストレスを抱えうつ症状を呈している現状が社説で問題提起されており、その背景には深刻な人材不足と他職種と比較した際の賃金水準の低さも指摘されています。人材確保の問題については厚生労働省が2014（平成26）年に取りまとめた「介護人材の確保について」の報告で施設介護に従事する職員のうち正規職員が約73％であるのに対して訪問介護は正規職員が約29％と報告されています。年齢構成に目を向けると施設介護においては男性の割合は30～39歳の34％をピークに減少傾向にあり、40～49歳では15.３％と女性よりも低い割合となっています。施設介護に従事している女性は30歳代～50歳代にかけて約20％と横ばいに推移し、訪問介護に目を向けると60歳以上の女性がすべての年代で最も高い31.2％を占める結果となっています。

また、2025年問題として団塊の世代が75歳以上を迎える将来を見据えて、職員の処遇改善を進めることで人材不足の改善を図っていくことと、「介護」という業種のイメージ改善も必要であり、若い世代が働きたいと思える環境整備も求められています。しかしながら、現在の介護業界は施設介護が中心で、介護福祉士をはじめとした介護職が専門性を発揮している場面を目にする機会が少ないというのも一つの課題でしょう。高齢者の多くが在宅での生活を望み、国も地域包括ケアを推進しているなかにあって、ニーズと現状にギャップが生じていることにも注意しておく必要があると思われます。それらを解決していくためには、正規職員という働き方以外にもパートや短時間勤務、潜在的な介護福祉士の発掘など人材不足を解消していく取り組みが必要であり、なおかつ介護の質の担保を図っていかなければならないでしょう。

また、職場環境についても労働者個々の状況に配慮したサポートの充実が求められています。対人援助の職種の特徴として、支援の結果が「目に見えて分かる」には時間がかかります。それが燃え尽き症候群やうつ病につながっているのであれば、労働者の悩みや不安に気づき、労働者が孤立しない環境を作っていくために、気軽に相談できる窓口や介護職個人が専門性を研鑽し支援の在り方を見直していくことも必要だと思われます。「労働基準法」や「労働安全衛生法」に基づく労働者を守る施策だけではなく、労働者個々が自身のこころの健康に注視し、自らが環境を整備する力を身につけていくこともこれからの課題となってくると思われます。

注

1) 気持ちが沈んで活動が不活発な状態。

2) 2011（平成 23）年調査では宮城県の一部と福島県を除いて調査が実施されたため数値は減少している。

（村上　留美）

記　事

第1部　過重の実像　4　〝18時間夜勤〟

仮眠すら許されない

高齢者たちが暮らす介護保険施設は24時間態勢のケアが求められ、職員の昼夜2交代制を敷く職場は少なくない。

日本医療労働組合連合会（東京）が2016年、全国の介護関連施設143カ所を対象に行った調査の結果によると「昼夜2交代で夜勤の勤務時間が16時間以上」は6割を占めた。

岡山県内の田中大介さん＝40代、仮名＝は、そんな昼夜2交代の介護保険施設で介護職員として働き、もう10年以上になる。月5、6回という夜勤の拘束時間は毎回、午後3時～翌日午前9時の18時間に及ぶ。

4月のある日の午前9時すぎ。たばこに火を付けると煙を深く吸い込んだ。夜勤は緊張の連続。解放感を求め、手がつい伸びる。

「夜勤明けの『儀式』みたいなもの。健康を考えるとやめたいけどね」。自嘲気味に田中さんは言った。

◇　◇

結婚を機に住居を県外から岡山に移した。妻の勧めで人の役に立つ仕事をしたいと思い、目に留まったのが現在の施設の求人だった。当時は介護保険制度が始まり、まだ数年。介護ニーズが急速に拡大し、将来性も感じた。

入所する高齢者に寄り添い、思いやりを持って接する。介護福祉に関する教本で学んだことを実践した。感謝の言葉を掛けてもらうたび、やりがいを感じた。

ただ、夜勤時は複数階ある施設のうち、1フロアの入所者約30人を1人で担当する。肉体的にも精神的にも負担だった。

寝たきりの入所者をベッドから車いすに移す介助「移乗」は力仕事の上、気が張り詰める。転倒事故の危険が伴うためだ。人の出入りがある日中と異なり、孤独感を深めるのだろうか。複数の部屋から同時に呼び出しのベルが鳴ることが珍しくない。嘔吐《おうと》や排せつの片付け、おむつ交換などに追われ、就業規則で「1時間半」と決められた仮眠もままならず朝を迎えることが幾度もある。

「夜勤の職員を増やしてと管理職に掛け合うと『コスト的に厳しい』と言われた。でも、仮眠すら許されない環境なんて…」

県老人福祉施設協議会（岡山市）の小泉立志会長は「介護報酬の引き下げなどが影響し、どの施設も経営環境は厳しい。職員の負担軽減は共通の思いだが、人手不足もあいまって人員強化はなかなか難しいのが実情だろう」と話す。

田中さんの職場では今春、若者が数人、介護職として採用された。介護の魅力を伝えたいと丁寧な指導を心掛けるものの、この先、何人が残るだろうと心配している。

◇　◇

介護職の平均給与は全産業平均より低い時代が長く続き、国主導で順次、引き上げられたことは田中さんも知っている。ここ数年は「官製」といわれながら民間の賃上げに関するニュースに触れる機会も増えた。

一方で田中さんは毎月、給与明細を見るとため息が出る。定期昇給分として毎年、千円ほどは上がっている。それでも今、手取りは月18万円を切ることがほとんどだ。小学生の長女が中学、高校へと進む将来を思うと気が重くなる。

「年齢的に転職は厳しい。夜勤はきついけど、間違いなく『やりがい』はある仕事ですから」

田中さんが自らに言い聞かせるようにつぶやいた。（松島健）

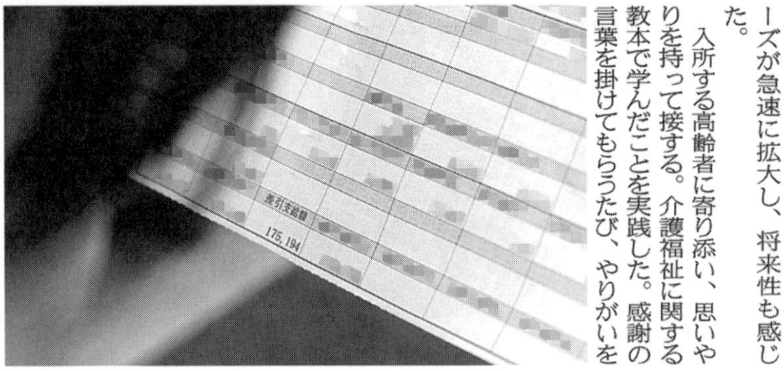

給与明細を見つめる田中さん。介護の仕事にやりがいを感じつつも将来への不安が拭えないという（画像の一部を加工しています）

ご意見、ご感想をお寄せください。〒700―8534、山陽新聞「働くって」取材班（メールhataraku@sanyonews.jp　ファクス086―803―8140）。

出典：2017年5月3日山陽新聞朝刊

1.「労働基準法」に規定されている労働時間と休憩時間の関係を調べてみましょう。

2. 過重労働と低賃金が及ぼす労働者への影響を考えてみましょう。

3. 現在、厚生労働省等が実施している労働者のメンタルヘルスへの取り組みを調べてみましょう。

4. この記事を読んで考えたことや感想を書きましょう。

5. 解　説

（1）「労働基準法」に規定されている労働時間と休憩時間の関係について

原則として「労働基準法」では第32条において1週間に40時間、1日に8時間を超えて労働させてはならないと決められています。休憩時間についても第34条で労働時間が6時間を超える場合は少なくとも45分、8時間を超える場合には少なくとも1時間の途中休憩を与えなければならないとされています。今回の記事では夜勤（深夜労働）が18時間、その中に休憩や仮眠の時間が含まれていても、仮眠等の時間を十分にとれていないことが訴えられています。このような状況が続くということは、労働者に疲労とストレスが溜まり、十分なパフォーマンスを発揮することができないという結果に繋がることが容易に推測できます。

（2）過重労働と低賃金が及ぼす労働者への影響について

一般的に介護職の賃金は労働者全体の平均賃金より低いといわれています。今回の記事のように40歳代で手取り月18万円というのは確かに低い水準ですし、田中さんのように過重労働と低賃金の現実に悩んでいる人がいることは事実です。しかしながら、施設によっては一般企業と同等の賃金が支払われているところもあり、一概にすべての介護職者の賃金が低水準と捉えることもできません。

過重労働が労働者に及ぼす影響として、独立行政法人労働安全衛生総合研究所が長時間労働はさまざまな健康問題の一因となる可能性があるとして①長時間労働は、脳・心臓疾患の危険性を高める、②長時間労働は、精神障害・自殺の危険性を高める、③眠気・疲労は休めのサイン、④睡眠不足の影響は日々強まるという4つのポイントを指摘しています。これに低賃金の現実が加わることで､労働者自身の業務へのモチベーションを維持することは大変難しくなります。また、介護業務は「人」を相手にする仕事です。支援の成果が目に見えて実感できるのには時間がかかることがあります。その中で、介護職自身が介護に対するやりがいを見失ってしまうと燃え尽き症候群となり、介護業務から離れざるを得なくなり、人材不足がさらに深刻となってしまいます。

（3）労働者のメンタルヘルスへの取り組みについて

厚生労働省では、2000（平成12）年から始まった「21世紀における国民健康づくり運動」で指針を策定して、「栄養・食生活」「身体活動・運動」「休養・こころの健康」「たばこ」「アルコール」「歯の健康」「糖尿病」「循環器病」「ガン」の9項目の内容について、国民が主体的に取り組む健康づくり運動の普及・啓発を実施しています。その中の一つの「休養・こころの健康」では、ストレス・睡眠については各項目1割以上の減少、自殺者は2万2,000人以下を目標数値として現状分析と対策がまとめられています。

現状、うつ病を発症していても医療機関を受診していないケースも多く見られるため、予防とともに早期発見への取り組みも実施されていて、行政関係者および保健医療従事者向けに各種研修会や講習会等の周知も図られています。

また、2007（平成19）年の「労働者健康状況調査」や前述の「患者調査」によると労働者の約6割が何らかの心理的負担を感じていることやうつ病の発病率の高さから、職場におけるメンタルヘルス対策やこころの健康問題により休業した労働者の職場復帰支援等も取り組まれています。2009（平成21）年度からはストレスチェックシート（図1）を提示するなど、よりメンタルヘルス対策が取り組みやすいよう情報提供に努めています。

前述の独立行政法人労働安全衛生総合研究所からは「長時間労働者の健康ガイド」において身体と心のセルフチェック表（図2）が提示されており、これらの資料を活用しながら職場における対策とともにセルフケアにも取り組んでいくことが求められています。

職業性ストレス簡易調査票（57項目）

A　あなたの仕事についてうかがいます。
最もあてはまるものに○を付けてください。
【回答肢（4段階）】そうだ／まあそうだ／ややちがう／ちがう

1. 非常にたくさんの仕事をしなければならない
2. 時間内に仕事が処理しきれない
3. 一生懸命働かなければならない
4. かなり注意を集中する必要がある
5. 高度の知識や技術が必要なむずかしい仕事だ
6. 勤務時間中はいつも仕事のことを考えていなければならない
7. からだを大変よく使う仕事だ
8. 自分のペースで仕事ができる
9. 自分で仕事の順番・やり方を決めることができる
10. 職場の仕事の方針に自分の意見を反映できる
11. 自分の技能や知識を仕事で使うことが少ない
12. 私の部署内で意見のくい違いがある
13. 私の部署と他の部署とはうまが合わない
14. 私の職場の雰囲気は友好的である
15. 私の職場の作業環境（騒音、照明、温度、換気など）はよくない
16. 仕事の内容は自分にあっている
17. 働きがいのある仕事だ

B　最近1か月間のあなたの状態についてうかがいます。
最もあてはまるものに○を付けてください。
【回答肢（4段階）】ほとんどなかった／ときどきあった／しばしばあった／ほとんどいつもあった

1. 活気がわいてくる
2. 元気がいっぱいだ
3. 生き生きする
4. 怒りを感じる
5. 内心腹立たしい
6. イライラしている
7. ひどく疲れた
8. へとへとだ
9. だるい
10. 気がはりつめている
11. 不安だ
12. 落着かない
13. ゆううつだ
14. 何をするのも面倒だ
15. 物事に集中できない
16. 気分が晴れない
17. 仕事が手につかない
18. 悲しいと感じる
19. めまいがする
20. 体のふしぶしが痛む
21. 頭が重かったり頭痛がする
22. 首筋や肩がこる
23. 腰が痛い
24. 目が疲れる
25. 動悸や息切れがする
26. 胃腸の具合が悪い
27. 食欲がない
28. 便秘や下痢をする
29. よく眠れない

C　あなたの周りの方々についてうかがいます。
最もあてはまるものに○を付けてください。
【回答肢（4段階）】非常に／かなり／多少／全くない

次の人たちはどのくらい気軽に話ができますか？
1. 上司　2. 職場の同僚　3. 配偶者、家族、友人等

あなたが困った時、次の人たちはどのくらい頼りになりますか？
4. 上司　5. 職場の同僚　6. 配偶者、家族、友人等

あなたの個人的な問題を相談したら、次の人たちはどのくらいきいてくれますか？
7. 上司　8. 職場の同僚　9. 配偶者、家族、友人等

D　満足度について
【回答肢（4段階）】満足／まあ満足／やや不満足／不満足

1. 仕事に満足だ　2. 家庭生活に満足だ

職業性ストレス簡易調査票の簡略版（23項目）

A　あなたの仕事についてうかがいます。
最もあてはまるものに○を付けてください。
【回答肢（4段階）】そうだ／まあそうだ／ややちがう／ちがう

1. 非常にたくさんの仕事をしなければならない
2. 時間内に仕事が処理しきれない
3. 一生懸命働かなければならない
8. 自分のペースで仕事ができる
9. 自分で仕事の順番・やり方を決めることができる
10. 職場の仕事の方針に自分の意見を反映できる

B　最近1か月間のあなたの状態についてうかがいます。
最もあてはまるものに○を付けてください。
【回答肢（4段階）】ほとんどなかった／ときどきあった／しばしばあった／ほとんどいつもあった

7. ひどく疲れた
8. へとへとだ
9. だるい
10. 気がはりつめている
11. 不安だ
12. 落着かない
13. ゆううつだ
14. 何をするのも面倒だ
16. 気分が晴れない
27. 食欲がない
29. よく眠れない

C　あなたの周りの方々についてうかがいます。
最もあてはまるものに○を付けてください。
【回答肢（4段階）】非常に／かなり／多少／全くない

次の人たちはどのくらい気軽に話ができますか？
1. 上司
2. 職場の同僚

あなたが困った時、次の人たちはどのくらい頼りになりますか？
4. 上司
5. 職場の同僚

あなたの個人的な問題を相談したら、
次の人たちはどのくらいきいてくれますか？
7. 上司
8. 職場の同僚

図1　ストレスチェックシート
出典：厚生労働省「ストレスチェック制度導入ガイド」

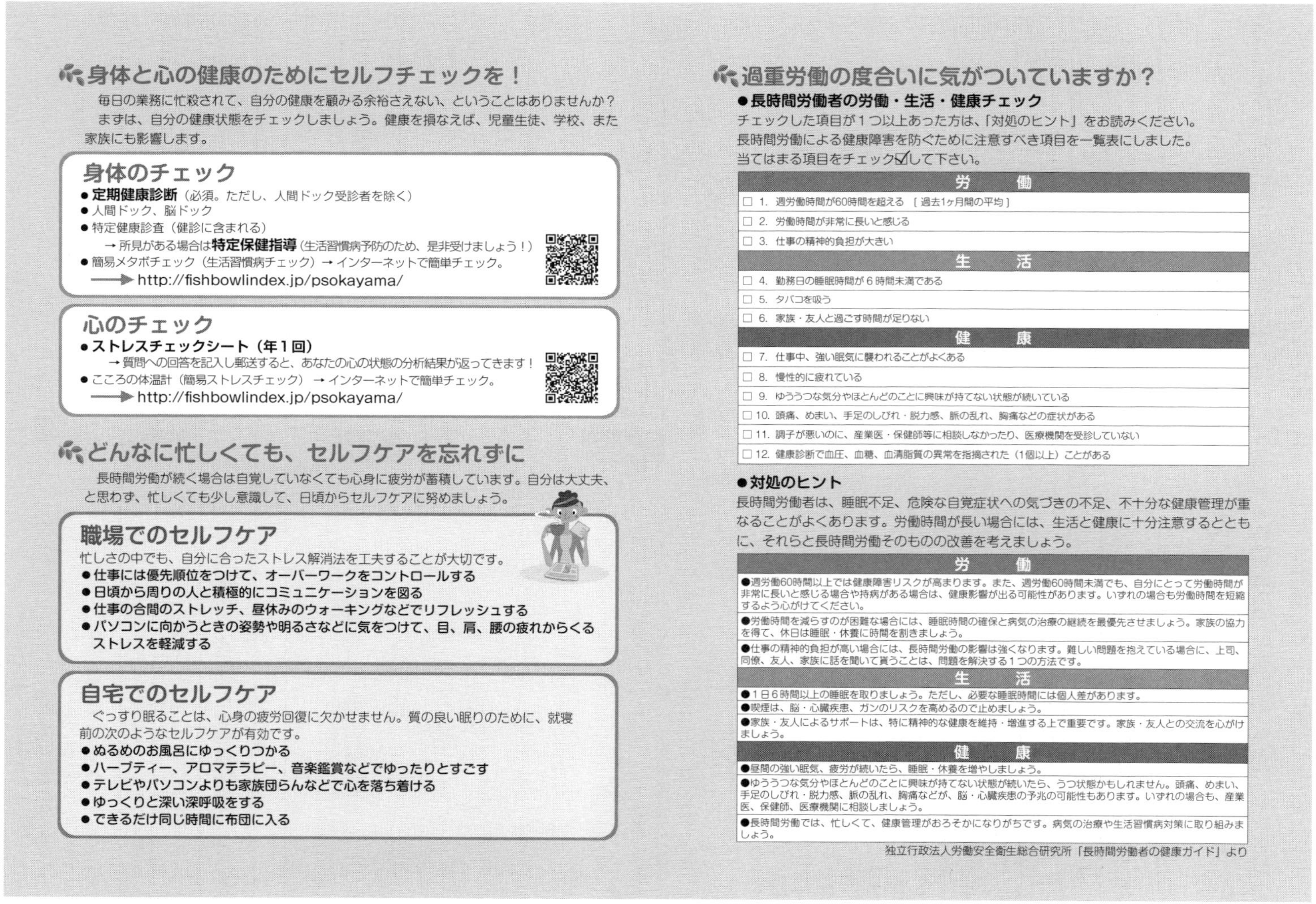

身体と心の健康のためにセルフチェックを！

毎日の業務に忙殺されて、自分の健康を顧みる余裕さえない、ということはありませんか？
まずは、自分の健康状態をチェックしましょう。健康を損なえば、児童生徒、学校、また家族にも影響します。

身体のチェック

- **定期健康診断**（必須。ただし、人間ドック受診者を除く）
- 人間ドック、脳ドック
- 特定健康診査（健診に含まれる）
  → 所見がある場合は**特定保健指導**（生活習慣病予防のため、是非受けましょう！）
- 簡易メタボチェック（生活習慣病チェック）→ インターネットで簡単チェック。
  ⟶ http://fishbowlindex.jp/psokayama/

心のチェック

- **ストレスチェックシート（年１回）**
  → 質問への回答を記入し郵送すると、あなたの心の状態の分析結果が返ってきます！
- こころの体温計（簡易ストレスチェック）→ インターネットで簡単チェック。
  ⟶ http://fishbowlindex.jp/psokayama/

どんなに忙しくても、セルフケアを忘れずに

長時間労働が続く場合は自覚していなくても心身に疲労が蓄積しています。自分は大丈夫、と思わず、忙しくても少し意識して、日頃からセルフケアに努めましょう。

職場でのセルフケア

忙しさの中でも、自分に合ったストレス解消法を工夫することが大切です。

- **仕事には優先順位をつけて、オーバーワークをコントロールする**
- **日頃から周りの人と積極的にコミュニケーションを図る**
- **仕事の合間のストレッチ、昼休みのウォーキングなどでリフレッシュする**
- **パソコンに向かうときの姿勢や明るさなどに気をつけて、目、肩、腰の疲れからくるストレスを軽減する**

自宅でのセルフケア

ぐっすり眠ることは、心身の疲労回復に欠かせません。質の良い眠りのために、就寝前の次のようなセルフケアが有効です。

- **ぬるめのお風呂にゆっくりつかる**
- **ハーブティー、アロマテラピー、音楽鑑賞などでゆったりとすごす**
- **テレビやパソコンよりも家族団らんなどで心を落ち着ける**
- **ゆっくりと深い深呼吸をする**
- **できるだけ同じ時間に布団に入る**

過重労働の度合いに気がついていますか？

●長時間労働者の労働・生活・健康チェック

チェックした項目が１つ以上あった方は、「対処のヒント」をお読みください。
長時間労働による健康障害を防ぐために注意すべき項目を一覧表にしました。
当てはまる項目をチェック☑して下さい。

労　　働
□ 1. 週労働時間が60時間を超える ［過去1ヶ月間の平均］
□ 2. 労働時間が非常に長いと感じる
□ 3. 仕事の精神的負担が大きい
生　　活
□ 4. 勤務日の睡眠時間が６時間未満である
□ 5. タバコを吸う
□ 6. 家族・友人と過ごす時間が足りない
健　　康
□ 7. 仕事中、強い眠気に襲われることがよくある
□ 8. 慢性的に疲れている
□ 9. ゆううつな気分やほとんどのことに興味が持てない状態が続いている
□ 10. 頭痛、めまい、手足のしびれ・脱力感、脈の乱れ、胸痛などの症状がある
□ 11. 調子が悪いのに、産業医・保健師等に相談しなかったり、医療機関を受診していない
□ 12. 健康診断で血圧、血糖、血清脂質の異常を指摘された（1個以上）ことがある

●対処のヒント

長時間労働者は、睡眠不足、危険な自覚症状への気づきの不足、不十分な健康管理が重なることがよくあります。労働時間が長い場合には、生活と健康に十分注意するとともに、それらと長時間労働そのものの改善を考えましょう。

労　　働
●週労働60時間以上では健康障害リスクが高まります。また、週労働60時間未満でも、自分にとって労働時間が非常に長いと感じる場合や持病がある場合は、健康影響が出る可能性があります。いずれの場合も労働時間を短縮するよう心がけてください。
●労働時間を減らすのが困難な場合には、睡眠時間の確保と病気の治療の継続を最優先させましょう。家族の協力を得て、休日は睡眠・休養に時間を割きましょう。
●仕事の精神的負担が高い場合には、長時間労働の影響は強くなります。難しい問題を抱えている場合に、上司、同僚、友人、家族に話を聞いて貰うことは、問題を解決する１つの方法です。
生　　活
●１日６時間以上の睡眠を取りましょう。ただし、必要な睡眠時間には個人差があります。
●喫煙は、脳・心臓疾患、ガンのリスクを高めるので止めましょう。
●家族・友人によるサポートは、特に精神的な健康を維持・増進する上で重要です。家族・友人との交流を心がけましょう。
健　　康
●昼間の強い眠気、疲労が続いたら、睡眠・休養を増やしましょう。
●ゆううつな気分やほとんどのことに興味が持てない状態が続いたら、うつ状態かもしれません。頭痛、めまい、手足のしびれ・脱力感、脈の乱れ、胸痛などが、脳・心臓疾患の予兆の可能性もあります。いずれの場合も、産業医、保健師、医療機関に相談しましょう。
●長時間労働では、忙しくて、健康管理がおろそかになりがちです。病気の治療や生活習慣病対策に取り組みましょう。

独立行政法人労働安全衛生総合研究所「長時間労働者の健康ガイド」より

図２　身体と心のセルフチェック表
出典：独立行政法人労働安全衛生総合研究所「長時間労働者の健康ガイド」

（村上　留美）

第13章　諸外国における介護福祉

記　事

中国・湖南省で、高齢者の介護などに携わる社会福利事業協会の関係者10人が14日、富岡市の特別養護老人ホームを視察した。急速に高齢化が進む中国では、60歳以上が毎年860万人ずつ増加し、伝統的な家庭内での介護が困難になっている。本県で日本の福祉サービスを学び、今後は人材交流を進める。

富岡

中国の介護協会、特養へ

中国では2050年までに高齢者が総人口の3分の1を占め、4億5千万人に達するとの予測があるが、福祉サービスのノウハウが不足。12日に来日した一行は17日までの滞在期間中、県の福祉政策担当者から話を聞いたり、都内で開かれる福祉用具の展示会視察などの日程をこなす。

14日は、同市相野田の特別養護老人ホーム「あまてらす」を訪れた。10人は森川幹施設長の案内で、食堂や入浴施設、入所者が生活する部屋を見学。車椅子に座った状態で入浴できる「機械浴」をはじめとする器具を撮影したり、金額や利用料などを尋ねた。

同会長の唐羅生さん(53)は「入所者の家族のことまで考えて施設を運営していることが分かった。日本のノウハウを学んでいきたい」と話した。

同会が日本を視察するのは初めて。今後は年に数回ペースで本県を中心に日本への視察を予定するほか、中国から大学生や看護師を日本に派遣したり、日本の福祉専門家を中国に招きたいとしている。

一行はこの日、同市の岩井賢太郎市長も表敬訪問し、懇談した。

来日後、県日中友好協会員や県内の大学で学ぶ留学生らと、日本と中国における福祉の現状についても話し合った。

出典：2018年3月15日上毛新聞朝刊

1．調べてみましょう。

（1） 中国の高齢化について調べてみましょう。

（2） 中国の介護保険をめぐる動きについて調べてみましょう。

（3） 中国の家庭介護について調べてみましょう。

（4） 中国の障害者の状況について調べてみましょう。

2. この記事を読んだ感想をまとめてみましょう。

3. 解　説

東アジア諸国は戦前から多くの人口を擁していました。第二次世界大戦後、それまで少なくない国々で戦乱が続いていた状況が変化し、社会が安定し経済も発展しました。それにともなって出生数も増大したため人口増加に拍車がかかりました。しかし現在では、東アジア諸国においても出生率が低下し、それに伴い社会の高齢化が進んでいます。中国では出生数の意図的な抑制が行われたことに特徴があります。ここでは、東アジアの大国である中国の高齢化や福祉・介護についてさまざまな資料から考えてみたいと思います。

中国の高齢者の定義は年齢が60歳以上です。中国は1979（昭和54）年から2015（平成27）年までいわゆる「一人っ子政策」という人口抑制政策を行っていました。この一人っ子政策と平均寿命の伸長によって人口の高齢化が早くから予想されていましたが、それは現実のものとなり、急速に人口の高齢化が進んでいます。2015（平成27）年の高齢化率は10.5%でした。

中国の高齢化の特徴と今後の見通しについて「2016年中国高齢者金融発展報告」によると、「中国の高齢化は、『高齢化スピードが速い』、『農村部の高齢者が多い』、『女性の高齢者が多い』という3つの特徴」があって「中国の高齢化は2055年にピークに達すると予想され、その時点で、高齢者人口は4億人に上る」見通しであるとされています[1)]。

なお、この「2016年中国高齢者金融発展報告」では、65歳以上の高齢者は2030年に2億8,000万人（総人口の20.2%）、2055年には4億人（総人口の27.2%）になる見通しであることもふれられています。

高齢化が進めば介護が必要になる人も増加します。介護保険の創設に関しては「2016年7月に、中国の基本医療保険を管轄する中国人力資源社会保障部は『長期介護保険制度試行展開の指導意見』（以下、指導意見）を公表し、高齢化社会対策の一つとして介護保険制度を構築する旨」を発表しました。この指導意見によると「上海、広州、成都を含む15都市で介護保険を試行し、試行結果を基に2020年までに中国全土で介護保険制度の骨子を確立するスケジュール」であり、「『指導意見』の公表に伴い、各対象都市での介護保険制度の試行が開始した」とされています[2)]。

中国全土で共通する介護保険制度はまだ存在しません。「急速に進む高齢化と高齢者介護の必要性に迫られつつあるなかで、地方政府が各地の状況に応じた取り組みを進めて」いる状態です。「上海市などでは『9073』という目標が設定されて」いて、この「『9073』とは、介護の90%を在宅（家族）で、7%を地域コミュニティ（社区）で、3%を専門医療施設で担おうとする政策」です。北京市では「9064」という政策が掲げられています[3)]。2017（平成29）年3月、国務院は「高齢者福祉事業の発展に向けた第13次5カ年計画（2016～20年）を発表し」「政府や民間が一丸となり、急速に進む高齢化に備えた社会づくりを進める」としています[4)]。この計画の主要課題に介護保険の構築も含まれています。

ところで、介護問題を考える上でもう一つの柱となる障害者の状況は以下のようなものです。中国において障害者保障法では障害者を「心理上、生理機能、身体上の組織や機能を喪失、あるいは異常があるため、正常な状態での活動能力の全てあるいは一部を失った人」と定義し「視力障害、聴覚障害、言語障害、肢体不自由、知的障害、精神障害、重複障害、その他の障害をもつ者」を含むとしています。これらの人数は「国家統計局の推計によると、2010年末時点の全国の障害者数は8,502万人で、視覚障害1,263万人、聴覚障害2,054万人、言語障害130万人、肢体不自由2,472万人、知的障害568万人、精神障害629万人、重複障害1,386万人」となっています。重度障害は2,518万人、中度・軽度障害が5,984万人です[5)]。

介護職については次のような指摘があります。「これまでは家族に介護を頼って」いましたが、「都心部へ働きに出る人が増えていて、特に農村では高齢者が一人暮らしで生活しているケース」が多く「これに対応するために住宅介護サービスが広く行われる」ようになりました。中国においては「高齢者の世話をするのは子供の役割だという意識がとても強く」「介護職には家族の代替としての機能が求められ」「専門的なことに関する要望は希薄」です。高齢者介護の従事者は「失業者や農村にいる余剰人員が主」というものです[6]。介護職に専門性を求めるにはまだ道のりが遠いようです。

日本に引き続き超高齢社会を迎える中国の高齢者介護の動向について今後とも注目していかなければなりません。

注

1）「人民網日本語版」2016年12月12日
j.people.com.cn/n3/2016/1213/c94475-9154136.html

2）「中国の介護ビジネスには『春』が来るのか」
日本総研ホームページ www.jri.co.jp/page.jsp?id=31350

3）　独立行政法人労働政策研究・研修機構ホームページ　国別労働トピック：2017年2月
www.jil.go.jp ＞ ... ＞海外労働情報＞国別労働トピック＞2017年＞2月

4）「高齢者福祉事業の発展、政府が5カ年計画」アジア経済ニュース 2017/03/08
www.nna.jp ＞ホーム＞中国＞社会・事件

5）　独立行政法人労働政策研究・研修機構ホームページ　国別労働トピック：2017年11月
www.jil.go.jp ＞ ... ＞海外労働情報＞国別労働トピック＞2017年＞11月

6）「日本と世界の介護」ホームページ sekai-kaigo.com/china/chinakaigo/

（今井　慶宗）

記 事

認知症高齢者からの贈り物

後ろから呼ばれたような気がするが、はっきりしない。そもそも周りを飛び交う言葉が、理解不能な外国語に聞こえる。ここはどこなのかも分からない。不安だ。突然、手首を誰かにつかまれた。驚いて悲鳴を上げる。怖くて両腕を振り回すと、体全体をさらに強く拘束されてしまった―。

「これが、認知症高齢者の側から見た、一般的な介護の風景です。極端に奇妙で、極端に不安な世界」。パリの南、マッシー市の高齢者養護施設レジダンス・マッシービルモラン。イブ・ジネスト（64）が、もじゃもじゃの髪を振り乱しながら熱弁をふるった。

15歳のおばあさん

ジネストは、認知症や高齢者の新たな介護法として、日本を含む各国で注目される「ユマニチュード」の考案者の一人。記憶を失い、攻撃的になったり、ふさぎ込んだりするお年寄りが、介護士や家族との間にコミュニケーションを復活する。「人間らしさ」「人間回復」を意味するユマニチュードは「奇跡」とも呼ばれるが、ジネストはこう述べる。

「奇跡ではない。不安を除けば、ほほえみを取り戻せる。人間は人に見つめてもらうこと、言葉を掛けてもらうこと、優しく触れてもらうことを常に望んでいるのです」

施設の集会室でオデット・サビニャックに出会った。実際は82歳だが、認知症で自分は36歳だと思っている。ジネストは36歳の女性として遇する。額を寄せ語り掛けると、オデットはにっこり笑った。次に会った87歳のドニーズが打ち明けた。「実は私、妊娠しているの」。「それはおめでとう」とジネストが返す。

「自分を15歳と思い込んでいるおばあさんもいる。子どもが訪ねてきても分からない。家族にはつらいけど、それを否定しないこと。15歳の自分に彼女は満足している。それが大切なの」。介護士の女性が説明した。

この施設には消灯時間がない。入居者が望めばビールが飲め、中庭でならたばこも吸える。新たにカップルになった入居者もいる。

ジネストが語る。「あらゆる人が自由を望んでいるのに、施設に入ると制限される。真夜中にならないと眠れない方は、その習慣を続ければいい。ユマニチュードは、そうした価値を実現する介護法なのです」

第3の誕生

見る、話す、触れる、と同様に、ユマニチュードが重視するのは「立つ」だ。日本で撮影したビデオを見せてもらった。

3年間寝たきりの男性。言葉をほとんど発することがなかったのに、ユマニチュードを学んだ介護士がゆっくり顔を近づけ視線を捉えると、顔に生気が戻る。優しく触れながら、補助をすると立ち上がり、ゆっくり歩き始める。周囲から驚きの声と歓声が上がる。

「立ってこそ人間。赤ん坊は生後3カ月で座り、垂直の姿勢と視点を獲得する。寝たきりでは脳が機能しないのです」

ジネストは、赤ん坊が生まれた瞬間を第1の誕生、母親や家族に迎え入れられ、社会的な存在になった瞬間を第2の誕生と呼ぶ。

ただ生まれただけでは、ヒトは人にはならない。周りに声を掛けられ、優しく触れられて、人間であることを認識する。不安に沈む認知症患者も、触れられ、支えられて立ち上がることで人間の、自分自身の世界に戻ってくる。マッシー市の施設には105人の入居者がいるが、身体機能の衰えなどで寝たきりで過ごすのは、わずか2人という。

チンチン！

ジネストはフランス領アルジェリアのオランで生まれた。大学で体育学を修め、1979年に看護師の腰痛対策に関わったことから介護の世界に入った。

当時は暴れる認知症患者の体を拘束するのが当たり前。疑問を覚え、どうすれば患者と良好な関係を結べるか試行錯誤する。ユマニチュードはこの実践から生まれた。

「家族が認知症になるのはつらい。でもね、介護する側はより深く、人間的になる。それが大事なんだ。認知症高齢者は介護する人を変える贈り物をくれるんだよ」

「父は私に『愛してる』とは言わない人だった。でもパーキンソン病になって、88歳の時に言ってくれた。病とは素晴らしいじゃないか」

施設の食堂に、おばあさんたちが15人ほど集合した。入居者の一人、メラニーの95歳の誕生会だ。小さなグラスに白ワインが満たされ、フランス式に「チンチン！」と乾杯する。

日本をよく知るジネストが「日本では乾杯でチンチンとは言ってはいけない」と語り掛けた。「なぜなら日本語でチンチンとは、男性の―」。おばあさんたちの笑い声がはじけた。95歳が顔を赤らめて笑っている。「36歳」も。「15歳」も。

記憶の不思議　―エピローグ―

父が認知症だ。グループホームから墓参りに連れ出しても、すぐ忘れる。自分に子どもが何人いるか、記者の名前すらおぼつかない。でも、夏目漱石の小説「草枕」の冒頭「山路を登りながら、こう考えた」から「とかくに人の世は住みにくい」までは暗唱できる。

父は国語の教師だった。「『草枕』を覚えているのは、その頃が一番良い時代だったからでしょうね」と東京医療センター総合内科医長の本田美和子は言う。日本でユマニチュードの普及に努める女性医師だ。

「自分を40歳と考えるお年寄りが徘徊《はいかい》するのは、仕事に行こう、子どもを迎えに行こうとしているのかもしれない。そこに真実がある。それを受容することが大事なの」。父が少し理解できる気がした。

出典：2017年6月21日共同通信

1．言葉を調べてみましょう。

（1）フランスの高齢化について調べてみましょう。

（2）ユマニチュードについて調べてみましょう。

（3）フランスの介護保障について調べてみましょう。

（4） フランスの介護職について調べてみましょう。

2．この記事を読んだ感想をまとめてみましょう。

3. 解　説

認知症高齢者の介護は日本だけではなくヨーロッパ諸国を含めた世界各地で課題となっています。ここではフランスの介護職員や介護施設、認知症介護について見てみましょう。

フランスは日本と比較すると高齢化のペースはゆっくりとしたものであったと言えそうです。「1865年には、すでに全人口に占める65歳以上の人口の割合は7%を超えて」いましたが、高齢社会を示す人口比14%を超えるには「100年以上を費やしており、高齢化の進行は極めて緩やか」でした。しかし、「第2次大戦後から1975年までの間に出生したベビーブーム世代が60歳に到達する2035年に向けて、今後、高齢化の歩みを早めていくものと予測」されています[1)]。

フランスの介護労働者について「実際の就労に不可欠な資格は」なく「国家資格として、福祉職の『社会生活介護士』（DEAVS）（労働省）と医療職の『医療系介護士』（DEAS）（保健省）」が代表的です。「2002年3月26日のデクレによって介護提供者の資格であるDEAVSの職務が規定され、国家資格として創設」されました。「高技能のものでは『家族援助福祉士（DEAMP)』『福祉職員管理責任者（CAFERUIS)』、低技能のものでは、専門性適性証明書（CAP）の介護分野（教育省）、「家族生活支援員職業資格」（ADVF）（労働省）等」があります。DEAVSやADVFは「比較的アクセスしやすい資格」です[2)]。

在宅介護サービスを担う「在宅援助員のうち2割が社会生活介護士の資格を持って」いること、「社会生活介護士の役割としては、生活全般の援助をして、ホームヘルパーとしての仕事をしながら、介護」も行うとされています。他方、医療系介護士は「看護師からの指導の下で連携して訪問看護サービスを提供」していて、「高齢者施設の職員の3割が医療系介護士であり、施設での介護の担い手」となっています[3)]。

フランスにおける介護保障については「介護保険方式を採用するドイツや日本と異なり、社会扶助の方式で介護保障給付」を行っています。「要介護者を年齢で区分し、60歳以上の者については個別自律手当」（APA）、「60歳未満の者については障害者福祉制度の一環として障害者補償給付（PCH）を支給することで、要介護者の介護ニーズに対応」しています[4)]。このAPAは従来「様々な扶助制度に分かれていた制度を統合し、利用者にとって使い易くしたもので、現在では、その利用者数は100万人を越えるまでになって」います。APA制度の管轄は「県が主体」で「APA受給者の6割は在宅介護で、残りの4割が施設利用者」とされています。APAの対象者は「支援が必要と認定された高齢者すべて」です[5)]。

認知症対策については次のような状況です。フランスは「欧州諸国でもっとも早い2001年に最初の認知症国家計画を」打ち出しました。「第1期認知症国家計画（2001～2005年）では6つの目標が掲げられ」「続く第2期認知症国家計画（2004～2007年）ではさらに4つの目標が加えられ」ました。しかし、「これら2期にわたる国家計画では認知症の診断と根治という医学的側面に基軸があり、予算規模も小さかったため、認知症施策が効果的に推進されたとはいえなかった」のです[6)]。

フランス厚生省は、2018（平成30）年6月1日、プレスリリースにおいて認知症対策として重視している点の例として次のものを挙げました[7)]。

ⅰ）かかりつけ医（medecins generalistes）の役割の強化

認知症を抱える人を診察し、自宅での生活の質を高めるためのケアを行う時間を確保

ⅱ）介護者の負担の軽減

認知症を抱える人を介護する人へのサポートや、レスパイトケア施設の拡充

ⅲ）アルツハイマー病特別チーム（ESA）の充実

認知症を抱える人が急に病気になった場合などに対応する特別チームを全国に設置

これらを見ると、フランスにおいては介護保険制度がないことに特徴があるようです。しかし、高齢者施設や介護職員のあり方、認知症対策についてケアの側面を重視しつつあることなど、日本と共通するところが少なくないようです。

ところで、「ユマニチュード（Humanitude）」はフランス語で「人間らしさ」を意味します。介護においては「新たな認知症ケアとして注目されているフランス発祥のケア技法で」「対象となる方の『人間らしさ』を尊重し続け」一人ひとりの「状態に応じたケアを提供」するものとされます。「ユマニチュードのケアレベルには『回復』『機能維持』『最期まで寄り添う』の３つがあり、『見る』『話す』『触れる』『立つ』の４つを柱に据えて」いるのです[8)]。

注

1）　独立行政法人　労働政策研究・研修機構編集「欧州諸国における介護分野に従事する外国人労働者 ― ドイツ、イタリア、スウェーデン、イギリス、フランス５カ国調査 ― 」JILPT 資料シリーズ No.139、p.101、2014 年

2）　前掲・「欧州諸国における介護分野に従事する外国人労働者 ― ドイツ、イタリア、スウェーデン、イギリス、フランス５カ国調査 ― 」p.115

3）　日本と世界の介護「フランスの介護事情」sekai-kaigo.com/france/francekaigo/

4）　稲森公嘉「フランス介護保障制度の現状と動向」健保連海外医療保障 No.94（2012）p.9

5）　鈴木宏昌「フランスの老人ホーム事情」www.alter-magazine.jp/index.php?　2018 年７月４日アクセス

6）　近藤伸介「フランスの認知症国家計画」海外社会保障研究 No.190、p.15、2015 年

7）「アルツハイマー病治療薬・フランスで医療保険から外れる　変わる認知症治療の潮流とは」www.huffingtonpost.jp/.../alzheimer-20180611_a_234　2018 年７月４日アクセス

8）　www.azumien.jp/contents/method/00038.html　2018 年７月４日アクセス

（今井　慶宗）

第14章　介護人材

記　事

介護職の魅力発信

介護職の魅力を発信する取り組みが県内で目立っている。現場で輝いている若手職員を発掘し、PR役に任命するプロジェクトが昨秋始動。2月には介護技術を公開で競うイベントも計画されている。職員の不足が深刻化する中、業界のイメージアップを図り、人材の確保につなげようとする試みだ。（小若菜美）

イメージ向上へあの手この手　関係団体

「施設の利用者に癒やされ、元気をもらえる」「それぞれの職員が本当に必要とされている」―。

介護現場で働く若い男女各7人が順番にステージに登場し、仕事着でポーズを決める。介護の魅力ややりがいを発表し、私服姿で趣味など私生活の充実ぶりもアピールした。

昨年11月下旬に岡山市であった、輝く「カイゴ男子・カイゴ女子」を選ぶプロジェクトの最終審査会。県老人福祉施設協議会による初の企画で、グランプリなどに選ばれた男女4人は、写真集のモデルを務めるなどして業界のPRを担う。

真庭市内の特別養護老人ホームの職員で、グランプリを獲得した介護福祉士吉山喬成さん(27)は「介護について広く知ってもらい、業界を盛り上げる力になりたい」と意欲を見せる。

高い離職率

国内では急速に高齢化が進む一方、介護職の人材不足が続く。背景として、重労働の割に他業種と比べ賃金が低いことが指摘されている。

岡山公共職業安定所管内の介護職の初任給は大卒約18万4千円（高卒約16万4千円）で、看護職より約3万6千円（高卒は約1万2千円）低い。

厚生労働省などによると、介護職の離職率は全産業の平均より高く、2014年度の県内の有効求人倍率（雇用期間4カ月未満を除く）は2・43倍で05年度（1・55倍）から大幅に上昇。厚労省は、団塊世代が75歳以上になる25年度に全国で約38万人、県内で約6千人の職員が不足する恐れがあるとする。

介護報酬の15年度改定で、賃金が平均月1万2千円上がるよう「処遇改善加算」が拡充されたが、岡山市内の養護老人ホーム関係者からは「手取りは増えたが他業種との差が縮まったかは疑問」との声が漏れる。

県内の介護職の有効求人倍率と有効求人数

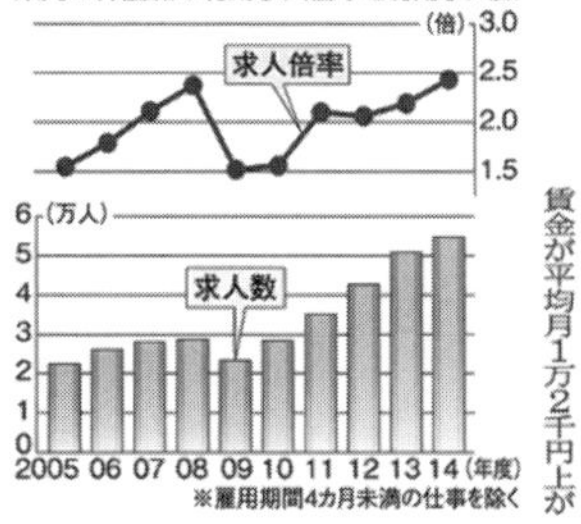

※雇用期間4カ月未満の仕事を除く

PR役に若手任命　介助技術競う催し　人材確保狙う

▲「カイゴ男子・カイゴ女子」を発掘するプロジェクトの最終審査会。介護職の魅力を来場者にアピールした＝昨年11月21日、岡山市内

官民組織も発足

現状の打開に向け、県と県社会福祉協議会は14年度から、介護の日(11月11日)に合わせた業界のPRイベントを岡山市で開催。15年は、若手職員が〝本音トーク〟を繰り広げたり、福祉・介護の仕事に関する相談コーナーを設けたりした。「カイゴ男子・カイゴ女子」を発掘するプロジェクトの最終審査会も併せて行われた。

今後も2月21日、県介護福祉士会が初の「介護グランプリ」を同市で計画。介護職員が排せつと入浴、食事の介助技術を競い、様子を一般に公開する。「生き生きとした姿を多くの人に見てほしい。競う機会があれば職員のモチベーション向上にもなる」と同会。

官民を挙げた組織「県福祉・介護人材確保対策推進協議会」も、県や岡山労働局、介護、福祉関係団体など14団体で昨年6月に発足した。同協議会の財前民男会長は「〝オール岡山〟で人材確保に取り組む態勢ができた。関係者が一体となり、介護職に関する啓発をはじめ求人側と求職者のマッチング、職場での定着支援に中期的に取り組みたい」と話す。

出典：2016年1月4日山陽新聞朝刊

1．言葉を調べてみましょう。

（1） 戦後と現在の日本の合計特殊出生率、高齢者の人口、平均寿命についてまとめてみましょう。

（2） 日本人の平均寿命が延びた背景について調べてみましょう。

（3） 戦前戦後の生活背景の変容について調べてみましょう。

（4） 2020年代初頭に向けた総合的な介護人材確保対策について調べてみましょう。

2. 解　説

（1） 日本の合計特殊出生率、高齢者の人口、平均寿命

日本は戦後まもなく「団塊の世代」と呼ばれる人達が生まれてきました。その後、高度経済成長期へ突入します。

1947（昭和 22）年から 1949（昭和 24）年は､戦争直後における結婚の増加により第 1 次ベビーブームが起こった時期であり、合計特殊出生率（15 ～ 49 歳までの女性の年齢別出生率を合計したもの）は 4 を超えていました。2015（平成 27）年では 1.45 になります。

1950（昭和 25）年の高齢者（65 歳以上の人）は 411 万人で総人口の 4.9％を占めていました。この時期の平均寿命は男性が 59.57 歳、女性は 62.97 歳でした。2015（平成 27）年では男性が 80.75 歳、女性は 86.99 歳と明らかに寿命は延びています。2015（平成 27）年の高齢者の人口は 3,395 万人で総人口の 26.8％を占めています。

（2） 日本人の平均寿命が延びた背景

明治時代には、大雨で家が浸水し、低地にたまったままの汚水が原因で伝染病が流行することもありました。しかし、下水道は東京等の一部の都市にしか普及せず全国に普及するまでには至らずに戦後、産業が急速に発展したため、都市への人口が集中し下水道が整備されるようになりました。

戦前には「結核予防法」が制定されましたが、急性感染症の予防対策に近く、感染源除去対策に重点が置かれたものであり、結核死亡率や乳幼児死亡率等は低下しなかったため、日華事変時に人口を増加させ、国民の体力を積極的に向上させて国防の目的に資することが求められるような時代背景を反映したものとなりました。

日本は高度経済成長期により急成長を遂げ生活水準が向上したことで医療の進歩、豊富な食糧、衛生管理等によって現在の平均寿命が延びた要因と考えられます。

（3） 戦前戦後の生活背景

戦前まで自営業が多かったのに対して、高度経済成長期には、工業化の進展等とともに高等学校や大学を卒業することで企業に正社員として雇用されるため、その賃金で家族を養うことができ生活水準も向上しました。サラリーマンが増え、夫が仕事に出て妻は専業主婦という夫婦間の性別役割分業が一般的でした。専業主婦でも子供の養育費や家計の補助のためパート等に出るようになりました。しかし、バブル経済の崩壊により企業は競争に生き残るために人件費の削減を目的としたリストラを行うようになり、福利厚生も含めて労働者の処遇を見直してきた結果、日本の雇用慣行が変容してきました。

近年では女性も就業する人が増え、労働者が性差別されることなく妊娠、出産、育児等を経ても就業ができ、キャリア形成も行えるようになりました。高度経済成長期では世帯の子供は 3 名以上でしたが近年では晩婚化、未婚率の上昇が少子化の要因になっていると考えられます。また家族が外で働くことにより介護の負担が増大しています。

（4） 2020 年代初頭に向けた総合的な介護人材確保対策

①介護人材確保の PDCA サイクルの確立は、都道府県おいて、ハローワーク等介護事業所等関係主体による協議を活用して、取組を推進するために地域の実情に応じた中長期的な方向性に

基づく定量的な目標を設定することや、地域の就業動向の把握・分析、各種調査研究事業の実施を行うことです。

②離職した介護職員を介護現場に呼び戻し対策は、離職した介護人材に対するある一定の条件に該当する者で再就職準備金貸付制度を設ける等効果的に離職した介護人材への情報提供が可能となりました。

③若者の新規参入促進対策は、介護福祉士養成施設に通う学生に対し修学資金等を貸付することができるようになり、また学生やその保護者、進路指導担当者に対する介護職への理解促進や魅力の発信を行うこと等があります。

④中高年齢者の新規参入促進対策は介護未経験の中高年齢者を対象にシルバー人材センター等とも連携を取り、将来的に介護分野での就労を視野に入れている方々を掘り起こすために介護事業者でも中高年齢者の研修を行う受け入れ体制を整えることが求められています。

⑤離職防止、定着促進対策は、子育てをしながら働き続けるように事業所内保育園施設の整備、支援等があります。また、雇用管理改善に取り組む事業者のコンテストや表彰の実施、評価制度や働きながら実務者研修受講の支援が可能です。喀痰吸引等の医療的ケアを実施できる介護職員を養成していくことは、医療と介護双方のニーズを併せ持つ要介護者に対するサービスの質の向上はもとより、介護職員のキャリアパスにも資するものと考えられています。

参考文献

『国民衛生の動向』厚生労働統計協会、2017年　Vol.64　No.9　2017/2018p.50.59-60
『平成26年度厚生労働白書』厚生労働省編　2014年　p.4-9
『平成23年度厚生労働白書』厚生労働省編　2011年　p.5-24.
平成28年3月7日「全国介護保険・高齢者保健福祉担当課長会議資料」厚生労働省

（田口　淳子）

記　事

「介護留学生」手厚くケア

育成へ　勉強も生活面も

昨年秋に入管難民法が改正され、在留資格に「介護」が創設されたことを踏まえ、金沢市内の福祉施設運営会社と、専門学校や短大が外国人留学生を受け入れ、介護福祉士として育成を始めた。学び、バイト、暮らしの面で、留学生を支援するのがポイント。福祉現場の人材不足を解消する糸口となるのか—。（蓮野亜耶）

金沢の福祉企業、学校と連携

「難しいね」。人を乗せた車いすを階段から下ろす練習をしていたインドネシア出身の留学生　A　さん(二〇)は首をひねっていた。

金沢市久安の金沢福祉専門学校。四月から、初めて留学生六人を受け入れた。提案したのは石川、富山県を中心に福祉施設を運営するサンケアホールディングス（金沢市）。団塊世代が後期高齢者となる二〇二五年に向け、働き手不足への危機感があった。

連携するのはこの専門学校と富山福祉短期大（富山県射水市）。短大では本年度、サンケア社が紹介した中国人留学生六人を含めた計十六人が入学。担当者は「いずれは日本の介護現場を支える人材となってほしい」と期待する。

仕組みは、インドネシアやフィリピンなどにある日本語学校から日本で介護福祉士として働きたい人を紹介してもらい、学生らは両校に二年間留学し、介護福祉士の国家資格を取得してもらう。学生には、卒業までに約百七十万円の奨学金を支給し、在学中は運営する福祉施設などでアルバイトとして働いてもらう。

サンケア社が運営する施設では一六年から経済連携協定（EPA）で来日し、国家資格を取得した介護福祉士十六人が現場で働く。高畠樹社長は「〝先輩〟が一生懸命働く姿を見ていれば、外国人も十分に戦力になる」と力を込める。今後、提携校を増やす。

日本はEPAに基づき海外から介護人材を受け入れてきたが、日本の国家試験に不合格になると、帰国しなければならないなどハードルが高い。厚生労働省によると、EPAで来日した約三千五百人のうち、資格取得者は七百四人にとどまる。

育成ノウハウ共有を

外国人労働者問題に詳しい静岡県立大の高畑幸准教授の話　多額の税金を投入するEPAは先細りし、留学して介護福祉士になる道が主流になるのではないか。EPAで培った人材育成のノウハウを共有することが求められる。

外国人介護士　経済連携協定（EPA）に基づく受け入れが2008年度にスタート。国内の施設で4年間働きながら介護の知識や技術を学び、国家試験に合格すれば有資格者として引き続き日本での就労が可能になる。昨年秋の入管難民法の改正で、留学生として日本の介護福祉士養成施設で2年以上学び、国家試験に合格すれば在留資格が与えられる。最長5年、問題なければ無制限に更新できる。留学生は全国で13年度に21人だったが、17年度は591人に激増。

出典：2018年5月30日北陸中日新聞

1．言葉を調べてみましょう。

（1） EPA（経済連携協定）とは何か調べてみましょう。

（2） 外国人技能実習制度の意義について調べてみましょう。

（3） 技能実習生の受け入れ方式について調べてみましょう。

（4） 技能実習生受け入れの要件について少し詳しく調べてみましょう。

（5） 技能実習の区分について調べてみましょう。

（6） 技能実習生に関する要件以外に必要となる要件について調べてみましょう。

2. 解　説

（1） EPA（経済連携協定）

国際情勢の流動化や、人口減少、少子・高齢化、財政赤字等日本の内外で経済環境が厳しさを増すなかで日本の経済を強くするための経済外交を積極的に推進していく必要があり、貿易の通貨に加え、投資、人の移動、知的財産の保護や競争政策におけるルール作り、さまざまな分野での協力の要素等を含む、幅広い経済関係の強化を目的とする協定です。

（2） 外国人技能実習制度の意義

外国人技能実習制度は、1960年代後半頃より海外の現地法人などの社員教育として行われていた研修制度が評価され、これを原型として1993（平成5）年に制度化されたものです。

技能実習制度の目的趣旨は、わが国で培われた技能、技術または知識の開発途上地域等への移転を図り、当該開発途上地域等の経済発展を担う「人づくり」に寄与するという、国際協力の推進です。

技能実習制度の内容は、外国人の技術実習生が、日本において企業や個人事業主等の実習実施者と雇用関係を結び、出身国において習得が困難な技能等の習得・習熟・熟達を図るものです。

期間は最長5年とされ、技術等の習得は、技能実習計画に基づいて行われます。そのため、施設の介護職員数の補填を行う目的ではありません。

（3） 技能実習生受け入れ方式

1）　企業単独型は、日本の企業等（実習実施者）が海外の現地法人、合弁企業や取引先企業の職員を受け入れて技能実習を実施する方式です。

2）　団体監理型は、事業協同組合や商工会等の営利を目的としない団体（監理団体）が技能実習生を受け入れ、傘下の企業等（実習実施者）で技能実習を実施する方式です。2016（平成28）年末では企業単独型の受け入れが3.6％、団体監理型の受け入れが96.4％（技能実習での在留者数ベース）となっています。

（4） 技能実習生受け入れ要件

2015（平成27）年2月4日「外国人介護人材受入れの在り方に関する検討会中間まとめ」が出されました。

1）　介護が「外国人が担う単純な仕事」というイメージにならないようにすること。

2）　外国人について、日本人と同様に適切な処遇・労働環境の改善の努力が損なわれないようにすること。

3）　介護のサービスの質を担保するとともに、利用者の不安を招かないようにすること。

さらに介護職種固有の要件を満たす必要があります。

①　日本語能力要件は技能習得の指導を受ける技能実習指導員や介護施設利用者等とのコミュニケーションを図る能力を担保するために日本語能力が一定水準以上であることが必要になり、技能実習年数で求められる内容が違います。

②　同等業務従事経験に関しては、団体監理型技能実習の介護職種の場合は、外国における高齢者もしくは障害者の介護施設または居住において、高齢者または障害者の日常生活の世話、機能訓練または療養上の世話等に従事した経験を有する者等が該当するとされています。

（5） 技能実習の区分

企業単独型と団体監理型の受け入れ方式ごとに、入国後1年目の技能等を習得する活動（第1号技能実習）、2・3年目の技術用に習得するための活動（第2号技能実習）、4年目・5年目の技能等に熟達する活動（第3号技能実習）の3つに分けられます。

（6） その他技能実習に関する要件

1） 実習実施者に関する要件は、技能実習指導者の1名は介護福祉士の資格を有する者であることや団体監理型の場合は、事業所の常勤介護職員の総数に対して、技能実習生の人数枠が制限されていること等の要件を満たす必要があります。

2） 技能実習内容に関する要件で入国後技能実習生は、日本語科目、本邦での生活一般に関する知識、円滑な技能等の習得等に資する知識について一定期間講習を行うことが必要となります。また、講師も条件に該当する者でなければ講義ができません。

3） 監理団体に関する要件は、監理団体の法人形態、技能実習計画書の作成指導体制等が合致するのか見当後、外国人技能実習機構に対し監理団体許可申請を行い、主務大臣から監理団体の許可を受ける必要があります。2016（平成28）年の法改正からは、優良な監理団体・実習実施者に対しては実習期間の延長や受け入れ人数枠の拡大など制度の拡充も図られています。

参考文献

厚生労働省ホームページ「技能実習制度運用要領」
https://www.mhlw.go.jp/stf/seisakunitsuite/bunya/koyou_roudou/jinzaikaihatsu/global_cooperation/01.html

JITCO　公益財団法人国際研修協力機構ホームページ「外国人技能実習制度とは」
www.jitco.or.jp/ja/regulation/index.html

IBRC 国際事業研修協同組合「外国人介護人材受入れの在り方に関する検討会中間まとめ」（2015年）

（田口　淳子）

第15章　介護の課題

記　事

老人ホームの 1650施設無届け

厚労省調査

厚生労働省は22日、自治体に届け出をしていない有料老人ホームが２０１５年度に全国で１６５０施設あったと発表した。前回調査の14年10月末時点より６８９カ所増えた。厚労省は実態把握や指導監督の徹底を自治体に求める通知を出した。

入居者に食事や家事、介護サービスを提供する施設は有料老人ホームに該当し、老人福祉法に基づき自治体に届け出る義務がある。行政の監督下にない無届けホームを巡っては、入居者が劣悪な環境に置かれたり、防火設備が不十分だったりするケースが問題となっている。

厚労省によると、昨年６月末時点の無届けホームは１０１７カ所だったが、より詳しく把握するため追加調査を実施。届け出先の都道府県、政令市、中核市だけでなく市区町村も通じて調べた結果、今年1月末時点で新たに６３３カ所を確認し、計１６５０施設となった。

「高齢者下宿」と呼ばれる施設が普及している北海道が５２３カ所で約3割を占めた。神奈川１１２カ所、愛知１０７カ所、大阪１０６カ所、福岡73カ所と続いた。中国地方5県は広島12カ所、山口1カ所、岡山12カ所、島根3カ所、鳥取０カ所。一方、届け出済みのホームは1万６２７施設(昨年6月末時点)だった。

また、届け出済みホームのうち、倒産などに備えて入居者から預かる前払い金を保全する措置(1人最大５００万円)をとっていない施設は77カ所あった。

出典：2016年4月23日中国新聞（共同通信配信）

1．言葉を調べてみましょう。

（1）「有料老人ホーム」について調べてみましょう。

（2）「老人福祉法」とは、どのような法律ですか。

（3）「高齢者下宿」とは何でしょうか。

（4）「指導監督（監査)」とはどのようなことでしょうか。

（5）「措置」とはどのようなことでしょうか。

2. この記事を読んで、感想をまとめてみましょう。

3. 解　説

（1） 有料老人ホーム

「老人福祉法」第 29 条（届出等）に規定があります。この規定によれば老人を入居させ、入浴、排せつもしくは食事の介護、食事の提供またはその他の日常生活上必要な便宜を供与する事業を行う施設であり、老人福祉施設でないものを言います。この施設を設置するものは都道府県知事に施設の名称および設置予定地等の届け出をしなければなりません。都道府県は同施設に対して管理、運営、会計等に関して立ち入り調査を行う権限を有しています。元々同法では規定がありませんでしたが、業者の同ホームの運営等に対してのトラブルから「届出」等の規定が行われました。なお、経営できる主体は社会福祉法人だけでなく、株式会社等の営利団体が参入できます。2013（平成 25）年時点全国で 8,449 施設が設立されています。

（2） 老人福祉法

1963（昭和 38）年に制定され、「ホームヘルプサービス」「デイサービス」「ショートステイ」等の在宅サービス、「特別養護老人ホーム」「養護老人ホーム」「軽費老人ホーム」等の施設サービスが規定されました。これまでは高齢者においては「生活保護」のような貧困対策が中心でしたが、ようやく介護体制が不十分ながら整ったと言えます。同法の目的として第 1 条に「この法律は、老人の福祉に関する原理を明らかにするとともに、老人に対し、その心身の健康の保持及び生活の安定のために必要な措置を講じ、もって老人の福祉の向上を図ること」と規定しています。

また、2000（平成 12）年に「介護保険法」が施行されてからは、在宅、施設等のサービスは「老人福祉法」よりも「介護保険法」が優先されており、介護保険制度と共通するものについては、実際のサービスの提供はほとんどしていないのが現状です。

（3）「高齢者下宿」

有料老人ホームの解説には、都道府県に届け出が必要なことは説明しました。「高齢者下宿」とは届け出をしていない法令の枠外の施設です。空き家やアパートを借り上げ、ここに高齢者を入所させて食事や介護等のサービスの提供を行います。入所者にはプライバシーはなく、劣悪な環境である場合が多く、主に低所得の高齢者が入所しています。2015（平成 27）年 1 月現在、全国で 1,650 か所存在し、厚生労働省も対応に乗り出しています。

（4） 指導監督（監査）

国・自治体が社会福祉法人等において適正に法令を遵守しているか、健全な経営をしているかを確認するものです。もし、法令等を遵守していないこと等があれば、国・自治体は社会福祉法人等に勧告、命令等を行うことができます。なお、社会福祉法人に対する監督（監査）は「社会福祉法人指導監査実施要綱」に基本的な事項が定められています。また、「指導監査ガイドライン」は具体的な事項が定められ、運用がなされています。

（5） 措　置

デジタル大辞泉によれば「事態に応じて必要な手続きをとること。取り計らって始末をつけること」と説明されています。この記事の場合は、この意味で説明がつきますが、社会福祉制度の中で戦後から2000（平成12）年の「社会福祉法」制定くらいまで、自治体が利用者の入所決定をし、サービスの量を決定していました。利用者は施設・事業所等を選択できず受け身の立場でした。サービスに対する自己負担も所得に応じて負担していましたが、同法制定により、施設・事業所を選択できるようになりました。自己負担もサービスの金額に応じて負担するいわゆる「応益負担」となり、さまざまな改革がなされました。この改革を「社会福祉基礎構造改革」と言います。同改革では、社会福祉の価値観を転換し、利用者中心の考え方を徹底し、措置から契約への移行等の改革が行われました。

（松井　圭三）

記　事

13年度7.8%→16年度3.3%
介護事業所の利益率低下
報酬の引き下げ響く

　厚生労働省は26日、介護保険サービス事業所の2016年度の経営実態を調査した結果を発表した。全体の平均利益率（収支差率）は3・3%と、7・8%だった13年度の前回調査に比べ大幅に低下した。15年度に介護報酬が引き下げられたことに加え、人手不足で人件費が膨らんだことが主な要因。

　調査結果は、事業所に支払う介護報酬を18年4月に改定する際の基礎資料となり、改定率を巡る議論が本格化する。財務省は社会保障費を抑制するため、引き下げを求めているが、事業者は反発しており、年末の予算編成で焦点の一つとなる。

　一般の民間企業の利益率と比べると、中小企業の2・6%は上回ったが、大企業も含めた4・1%には届かなかった。介護サービスの収入に対する給与の割合は64・3%で、前回よりも上昇し経営を圧迫した。

　サービス種類別では、約58万人が入所する特別養護老人ホーム（特養）が前回の8・7%から1・6%に急落。一部サービスで10%を超えた前回に比べ、軒並み利幅は縮小した。

　ただ、それぞれ年間150万人程度と利用者数が多い訪問介護と通所介護（デイサービス）は4・8%と4・9%で、平均を上回った。財務省は「不必要なサービスを提供して利益を上げている可能性がある」などと指摘しており、報酬引き下げのターゲットになりそうだ。

　前回15年度の報酬改定は、高い利益率などを理由に2・27%の大幅なマイナスとなった。厚労省は「今回は利益率が低下しており、前回とは状況が違う」としており、引き下げには難色を示している。

　調査は全国の3万1944事業所を対象に実施し、1万5062事業所が回答した。前回の対象期間は14年3月の1カ月間だけだったが、今回は季節による変動要因などを取り除くため、16年度の1年間に変更した。厚労省は当初、10月初旬に結果を発表する予定だったが、衆院選後に先送りしていた。

クリック

介護報酬改定　介護保険サービスを提供する事業所に支払われる費用は、国が公定価格として決めており、原則3年に1度改定される。報酬を引き下げると、利用者の自己負担（1～2割）と保険料は安くなるが、事業所側は人件費をかけることが難しく、職員の人手不足に拍車が掛かりサービスの質悪化が懸念される。報酬は利用者負担のほか、税金と40歳以上の人が支払う保険料で賄う。2017年度の65歳以上の保険料は、全国平均で月約5500円。

出典：2017年10月27日中国新聞（共同通信配信）

1．言葉を調べてみましょう。

（1）「平均利益率」とは何ですか。調べてみましょう。

（2）「居宅サービス」「介護予防サービス」はどのようなサービスか調べてみましょう。

（3）2018（平成30）年度の「介護報酬改定」において、主な改定内容を調べてみましょう。

2. 解　説

（1）「平均利益率」

ホテル＆ブライダル用語集によると「長期投資効率を測定する方法。算出公式は、年度純利益÷平均投資額」のことを言います。介護保険の事業所の平均利益率は、記事にあるように極めて低いのが課題です。2025年には、団塊の世代（1947（昭和22）年～49（昭和24）年生まれ）がすべて後期高齢者になり、「介護」「医療」等のサービスを供給できず、財源、マンパワー等の調達、育成が困難となっています。このような状況において、平均利益率が低い現状では、介護の基盤整備がうまくいかず、介護等が受けられない「介護難民」の増加が社会問題になっています。

（2）居宅、介護予防サービス

居宅サービスとして、「訪問介護」（ホームヘルプサービス）、「訪問入浴介護」、「訪問看護」、「訪問リハビリテーション」、「居宅療養管理指導」、「通所介護」（デイサービス）、「通所リハビリテーション」（デイケア）、「短期入所生活介護」（ショートステイ）、「短期入所療養介護」（医療型ショートステイ）、「特定施設入所者生活介護」、「福祉用具貸与」、「特定福祉用具販売」、「住宅改修」（リフォーム）、「居宅介護支援事業」（ケアマネジメント）等があります。

介護予防サービスは、「介護予防訪問介護」（ホームヘルプサービス）、「介護予防訪問入浴介護」、「介護予防福祉用具貸与」、「特定介護予防福祉用具販売」、「介護予防住宅改修」、「介護予防訪問リハビリテーション」、「介護予防訪問看護」、「介護予防居宅療養管理指導」、「介護予防通所介護」（デイサービス）、「介護通所リハビリテーション」（デイケア）、「介護予防短期入所生活介護」（ショートステイ）、「介護予防短期入所療養介護」（医療型ショートステイ）、「介護予防支援」等があります。

なお、居宅介護サービスは要介護1から5までの者が対象でありますが、介護予防サービスは要支援1・2の者が対象です。2005（平成17）年に「介護保険法」が改正となり、軽度である要支援1・2の者は要介護が進まないように、自分でできることは自分でする自立の支援が制度化され、介護予防を強化する制度が創設されました。

（3）2018（平成30）年度の介護報酬改定

2018（平成30）年が3年に1度の改定時であり、この年は医療の診療報酬の改定時でもありました。改定作業自体は前年に行われます。全体では、改定率は0.54％であり、2025年を見越しての改定となっています。改定のポイントは①地域包括ケアシステムの推進、②自立支援・重度化防止に資する質の高い介護サービスの実現、③多様な人材の確保と生産性の向上、④介護サービスの適正化・重点化を通じた制度の安定性・持続可能性の確保等です。特に介護人材の確保や処遇改善に重点が置かれた改定となっています。

（松井　圭三）

執筆者紹介

（執筆順）

江草　明彦　（えぐさ　あきひこ）　第1章
現　　職：山陽新聞社　読者局長

伍賀　　正　（ごが　ただし）　第2章
現　　職：兵庫大学附属須磨ノ浦高等学校　福祉科主任

橋本　　歩　（はしもと　あゆみ）　第3章
現　　職：岡山医療福祉専門学校　介護福祉学科　教務主任

小倉　　毅　（おぐら　たけし）　第4章
現　　職：兵庫大学　生涯福祉学部　生涯福祉学科　准教授

吉田　真浩　（よしだ　まさひろ）　第5章
現　　職：倉敷シルバーセンター　相談課長　介護支援専門員

中野ひとみ　（なかの　ひとみ）　第6章
現　　職：中国短期大学　保育学科・専攻科介護福祉専攻　准教授

竹内　公昭　（たけうち　きみあき）　第7章
現　　職：NPO法人「びぃあらいぶ」理事長

安田　幸平　（やすだ　こうへい）　第8章
現　　職：倉敷シルバーセンター　次長（生活相談員）兼介護支援専門員

藤田　　了　（ふじた　りょう）　第9章
現　　職：大阪国際大学　人間科学部　専任講師

城島　義隆　（じょうじま　よしたか）　第10章
現　　職：国立療養所長島愛生園

名定　慎也　（なさだ　しんや）　第11章
現　　職：中国短期大学　保育学科・専攻科介護福祉専攻　専任講師

村上　留美　（むらかみ　るみ）　第12章
現　　職：順正高等看護福祉専門学校　介護福祉学科

今井　慶宗　（いまい　よしむね）　第13章
現　　職：関西女子短期大学　保育学科　准教授

田口　淳子　（たぐち　あつこ）　第14章
現　　職：窪田整形外科リウマチクリニック

松井　圭三　（まつい　けいぞう）　第15章
現　　職：中国短期大学　保育学科・専攻科介護福祉専攻　教授（教務主任）

■編著者紹介

松井　圭三　（まつい　けいぞう）

現職　中国短期大学保育学科・専攻科介護福祉専攻　教授
（教務主任）
岡山大学医学部非常勤講師
就実大学教育学部非常勤講師

主著
『21世紀の社会福祉政策論文集』（単著）ふくろう出版、2009
『NIE社会福祉記事ワークブック』（編著）大学教育出版、2016
『NIE児童家庭福祉演習』（編著）大学教育出版、2017
『NIE家庭支援論演習』（編著）大学教育出版、2018
その他著書多数

小倉　毅　（おぐら　たけし）

現職　兵庫大学 生涯福祉学部 生涯福祉学科 准教授
環太平洋大学非常勤講師
岡山医療福祉専門学校非常勤講師
姫路自立支援センター理事

主著
『社会的養護・社会的養護内容』（共著）翔雲社、2017
『介護福祉学事典』（共著）ミネルヴァ書房、2014
『社会福祉の理論と制度』（共著）勁草書房、2014

今井　慶宗　（いまい　よしむね）

現職　関西女子短期大学 保育学科 准教授
関西福祉科学大学社会福祉学部非常勤講師

主著
『現代の障がい児保育』（共著）学文社、2016
『保育実践と家庭支援論』（編著）勁草書房、2016
『保育実践と社会的養護』（共著）勁草書房、2016

NIE介護の基本演習

2019年4月10日　初版第1刷発行

■編 著 者――松井圭三・小倉　毅・今井慶宗
■発 行 者――佐藤　守
■発 行 所――株式会社 大学教育出版
〒700-0953　岡山市南区西市855-4
電話（086）244-1268　FAX（086）246-0294
■印刷製本――モリモト印刷㈱

ISBN978－4－86692－004－7